처음 손뜨개

초보자를 위한 손뜨개 교과서
처음 손뜨개

2011년 10월 25일 | 초판 1쇄 발행
2013년 7월 15일 | 초판 3쇄 발행

지은이 | 최현정
발행인 | 전재국
부문장 | 이광자

임프린트 대표 | 이동은
책임편집 | 김기남
경영관리본부장 | 정유한
책임마케팅 | 노경석 · 윤주환 · 조안나 · 이철주
제작 | 정웅래 · 박순이

발행처 | 미호
출판등록 | 2011년 1월 27일(제321-2011-000023호)

주소 | 서울특별시 서초구 사임당로 82
전화 | 편집 (02)3487-1141 · 영업 (02)2046-2800
팩스 | 편집 (02)3487-1161 · 영업 (02)588-0835
ISBN 978-89-527-6331-0 13590

본서의 내용을 무단 복제하는 것은 저작권법에 의해 금지되어 있습니다.
파본이나 잘못된 책은 구입한 곳에서 교환해 드립니다.

미호는 아름답고 기분 좋은 책을 만드는
(주)시공사의 임프린트입니다.

초보자를 위한 손뜨개 교과서
처음 손뜨개

Knitting for the first time

최현정 지음

Prologue

어렸을 때 저는 온종일 방 한켠에서 뭔가를 꼼지락꼼지락 만드는 걸 좋아하는 아이였어요. 완성된 작품을 떠올리거나, 누군가에게 선물했을 때 그 사람이 좋아하는 모습을 상상하면 마냥 행복하더라구요.

그래서 핸드 니트 디자이너가 되었나 봐요. 자연스럽게 사람들에게 손뜨개를 가르치는 일이 많아졌는데, 손뜨개를 혼자서 즐기던 때보다 몸은 많이 힘들어도 사람들과 함께 손뜨개를 이야기하고 공유하는 기쁨이 참 커요.

많은 사람들에게 손뜨개가 바쁜 일상에 휴식을 주는 작은 쉼터가 되었으면 좋겠다는 생각을 늘 해요. 그런데 손뜨개를 처음 시작하는 분들이 생각보다 뜨개질을 어려워하는 것 같아요. 그래서 이번 책은 처음 손뜨개를 시작하는 초보자에게 초점을 맞췄답니다.

목도리나 장갑, 모자와 같은 간단한 패션 소품을 만드는 법을 자세한 설명과 과정 사진을 곁들여 소개했어요. 센스만 있다면 쉬운 뜨기법으로도 얼마든지 훌륭한 작품을 만들 수 있답니다. 이 책이 손뜨개를 처음 접하는 모든 분들에게 많은 도움이 되었으면 해요.

책을 만들면서 감사한 분들이 너무 많아요. 항상 힘이 되어주는 가족들과 부족한 나를 변함없이 믿고 응원해주는 짜임zzaim 공방 식구들에게 감사드려요. 그리고 결코 혼자서는 해낼 수 없는 작업들을 함께해준 어시스트 고주연, 강경원, 원경, 맹지숙, 이지영, 최현옥, 조보령, 최선아! 모두들 감사합니다.

2011. 최현정

Contents

❋ Prologue 5

목도리 & 머플러 & 스카프

빨강 목도리 9
모던 그레이 목도리 10
슬라브사 목도리 12
아이보리 비침무늬 스카프 14
카키색 목도리 15
초콜릿 브라운 목도리 16
해리포터 목도리 18
굵은 꽈배기 목도리 19
나뭇잎무늬 머플러 20

넥 워머

네이비 넥 워머 23
라쿤털 넥 워머 24
꽈배기 넥 워머 26
롱 넥 워머 27
블랙 후드 넥 워머 28

모자

빨강 방울 모자 31
보라 방울 모자 32
캔디 방울 모자 33
폼폼 팬시얀 방울 모자 34
색동 꽈배기 모자 36
슬라브사 귀마개 모자 37
빈티지 스타일 모자 38
밍크볼 귀마개 모자 40
앙고라 베레모 42
심플 비니 43
스트라이프 귀마개 모자 44
베이지 아란무늬 모자 45
그레이 챙모자 46

장갑 & 핸드 워머 & 레그 워머

꽈배기 벙어리장갑 49
캔디 벙어리장갑 50
밍크볼 핸드 워머 52
차콜색 레그 워머 53

❋ How to make 54
❋ 왕초보를 위한 손뜨개 Q&A 79

목도리&머플러&스카프

빨강 목도리 난이도 ★☆☆

빨강 목도리는 누구나 하나쯤 갖고 싶어 하는
아이템이에요. 심플한 무늬를 연속적으로
뜨는 것이라 손뜨개 초보라도 쉽게 뜰 수 있어요.
강렬한 색의 실은 무늬를 많이 넣으면 자칫
촌스러워 보일 수 있으니 참고하세요.

How To Make ❖ p.80

모던 그레이 목도리 난이도 ★☆☆

손뜨개의 기본인 1코 고무뜨기로 만들었어요.
겉뜨기와 안뜨기를 한 코씩 반복해서 뜬답니다.
펄, 털, 기모가 있는 실을 선택하면 솜씨가
조금 서툴더라도 삐뚤삐뚤한 모양이
보이지 않아 예뻐요.

How To Make ❖ p.84

슬라브사 목도리 난이도 ★☆☆

슬라브사는 굵기가 굵었다 가늘었다를 반복하는 실이에요.
손쉽게 뜰 수 있으면서도 실 자체의 느낌이 보슬보슬해 개성 넘치는 목도리를
완성할 수 있어요.

How To Make ❖ p.86

아이보리 비침무늬 스카프 난이도 ★☆☆

봄, 가을, 겨울 스카프로 활용하기에 아주 좋아요.
실 자체에 스팽글이 있어 기성품 못지않은 스카프를
만들 수 있어요. 손쉽게 떠서 정장이나 바바리코트에
매치하면 센스 만점이에요.

How To Make ❖ p.90

카키색 목도리 난이도 ★★☆

여자에게도 예쁘지만 남자에게 더 어울리는 목도리예요.
뜨기 쉬우면서도 두 가지 무늬가 들어가 색다른 느낌이 들어요.
두 가지 무늬로 떠서 만드는 사람도 덜 지루해요.
How To Make ❖ p.94

초콜릿 브라운 목도리 난이도 ★☆☆

남녀 누구나 할 수 있는 목도리예요.
겉뜨기와 안뜨기만으로 뜨는 멍석뜨기는
잘 짜여진 느낌을 주기 때문에 손뜨개 초보자라도
세련된 결과물을 낼 수 있어요.

How To Make ❖ p.96

해리포터 목도리 난이도 ★☆☆

겉뜨기 한 줄, 안뜨기 한 줄을 반복하는 메리야스뜨기로
만들었어요. 회색과 남색 두 가지 실을 배색해
캐주얼한 느낌이 난답니다.
남녀 모두에게 잘 어울려요.

How To Make ❖ p.99

굵은 꽈배기 목도리 난이도 ★★☆

굵은 꽈배기무늬가 돋보이는 목도리예요.
꽈배기무늬를 굵게 넣으면 시원시원하고
세련돼 보인답니다.

How To Make ❖ p.102

나뭇잎무늬 머플러 난이도 ★★★

전체적으로 투박하지 않고 고급스러워 보이는
머플러예요. 실이 보슬보슬해서 완성했을 때
포근한 느낌을 준답니다.

How To Make ❖ p.105

넥 워머

네이비 넥 워머 난이도 ★☆☆

겉면과 안면 모두 겉뜨기로만 뜨는 가터뜨기로
만들어 옆면을 꿰맸어요. 손뜨개에 처음 도전하는
왕초보들도 아주 쉽게 따라할 수 있어요.
덤으로 스타일리시한 분위기까지 낼 수 있답니다.

How To Make ❖ p.107

라쿤털 넥 워머 난이도 ★☆☆

손뜨개 초보들도 쉽게 만들 수 있는 넥 워머예요.
끝단에 라쿤털을 달아 고급스러움과 보온성 두 마리 토끼를 잡았어요.

How To Make ❈ p.110

꽈배기 넥 워머 난이도 ★★☆

꽈배기무늬뜨기 기법으로 만들었어요.
스타일과 편의성을 동시에 만족시키는 아이템이에요.
바바리코트나 정장에도 아주 잘 어울린답니다.

How To Make ❖ p.114

롱 넥 워머 난이도 ★☆☆

남자친구나 남편에게 선물하기에 아주 좋은 아이템이에요.
초보자라면 목도리보다 넥 워머에 도전해보세요. 목도리에 비해 품이 덜 들고
결과물은 훨씬 멋있거든요.

How To Make ❖ p.118

블랙 후드 넥 워머 난이도 ★★★

마치 미니 판초를 걸친 것 같아요.
후드를 달아서 보온성이 두 배! 눈 오는 날 입으면
딱이랍니다.

How To Make ❖ p.120

모자

빨강 방울 모자 난이도 ★☆☆

빨강 모자를 쓰면 왠지 기분이 좋아져요.
곧 크리스마스가 올 것만 같거든요.
무늬뜨기로 뜨는 빨강 방울 모자는 생각보다 쉬워요.
방울을 만드는 재미도 쏠쏠하고요.

How To Make ❖ p.122

보라 방울 모자 난이도 ★☆☆

사선 구멍무늬가 눈에 띄는 모자예요.
실이 굵은데도 무늬 때문에 무거운 느낌이 없어요.
초보자들도 쉽게 뜰 수 있고, 완성 모양이 예뻐 뿌듯한
아이템이에요.

How To Make ❖ p.126

캔디 방울 모자 난이도 ★☆☆

겉뜨기와 안뜨기만을 이용해 메리야스뜨기로
뜬 모자예요. 두 가지 실을 배색해
귀여움과 발랄함이 돋보여요.

How To Make ❖ p.130

폼폼 팬시얀 방울 모자 난이도 ★☆☆

뽀글뽀글 술이 달려 있는 실을 팬시얀이라고 해요.
소재가 독특해 희소성 있는 아이템을 만들 수 있어요.

How To Make ❖ p.134

색동 꽈배기 모자 난이도 ★★☆

꽈배기무늬가 들어가 귀엽고,
색감이 선명해 경쾌한 느낌을 주는 모자예요.
How To Make ❖ p.136

슬라브사 귀마개 모자 난이도 ★★☆

초보자도 쉽게 뜰 수 있는 간단한 무늬지만 실이 독특해 왠지 특별해 보여요.
커플 모자로 써도 좋답니다. 끈을 리본처럼 묶어 연출하면 더욱 사랑스러워요.

How To Make ❖ p.138(여성용), p.143(남성용)

빈티지 스타일 모자 난이도 ★★☆

알프스 소녀나 자유로운 집시가 생각나지 않으세요?
벽돌색 실을 사용해 늦가을의 느낌을
물씬 풍기는 모자예요. 집중해서 뜬다면
1~2일 정도면 완성할 수 있어요.

How To Make ❖ p.146

밍크볼 귀마개 모자 난이도 ★★☆

밍크볼 하나로 모자가 고급스럽게 변신했어요.
디자인이 어려워 보여도
만드는 건 생각보다 훨씬 쉽답니다.

How To Make ❈ p.150

앙고라 베레모 난이도 ★★☆

메리야스뜨기로 만든 기본 스타일의 베레모예요.
만들기도 쉽지만 완성품이 기성제품과 정말 똑같아요.
친구들에게 솜씨를 뽐내볼 수 있는 기특한 아이템이에요.

How To Make ❖ p.153

심플 비니 난이도 ★☆☆

일상에서 유용하게 코디할 수 있는 비니의 기본 스타일이에요.
2코 고무뜨기의 단순한 기법으로 만들었어요.
실의 그라데이션 덕분에 더욱 특별해 보여요.

How To Make ❖ p.156

스트라이프 귀마개 모자 난이도 ★★☆

귀를 살짝 덮은 심플한 디자인이 매력적인 모자예요.
메리야스뜨기 기법을 사용해 어렵지 않게 뜰 수 있어요.
남자친구나 남편에게 점수를 딸 수 있는 최고의 아이템이랍니다.

How To Make ❖ p.159

베이지 아란무늬 모자 난이도 ★★★

다이아몬드 모양이 이어진 무늬를 아란무늬라고 해요.
무늬 때문에 더욱 세련되어 보이죠? 무늬가 크게 들어가는 아이템을 뜰 때는
밝은 계열의 색상을 선택하는 게 좋아요.

How To Make ❖ p.162

그레이 챙모자 **난이도 ★★☆**

남성뿐 아니라 여성에게도 잘 어울리는 모자예요.
챙 덕분에 모자를 썼을 때 얼굴이 작아 보일뿐 아니라 햇빛까지 가려준답니다.
막 써도 스타일이 사는 완소 아이템이에요.

How To Make ❖ p.164

장갑&핸드 워머&레그 워머

꽈배기 벙어리장갑 난이도 ★★☆

한겨울의 로망! 벙어리장갑이에요.
손등에 꽈배기무늬가 있어 귀엽고 발랄해 보여요.
집중해서 만들면 3~4일 만에 뚝딱 완성할 수 있어요.

How To Make ❖ p.166

캔디 벙어리장갑 난이도 ★☆☆

알록달록 배색이 매력적인 벙어리장갑이에요.
메리야스뜨기 기법으로 간단하게 뜰 수 있답니다. 이런 벌키한 느낌의
벙어리장갑에는 꼭 목줄을 달아주세요. 스타일이 만점이거든요.
How To Make ❖ p.171

밍크볼 핸드 워머 난이도 ★☆☆

단순한 1코 고무뜨기를 사용해 만들었어요.
손가락 부분이 없어 만들기도 쉽고,
운전을 하거나 물건을 잡을 때 훨씬 편해요.
귀여운 밍크 방울이 포인트랍니다.

How To Make ❖ p.174

차콜색 레그 워머 난이도 ★★☆

한겨울 완소 아이템이에요. 보온성이 좋아 반바지나 레깅스에 매치하면 딱이랍니다. 스키니진에 코디하면 각선미를 보완하는 효과도 있어요.

How To Make ❖ p.176

HOW TO MAKE

01 손뜨개 기본 도구

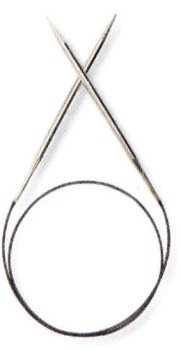

❖ **대바늘(막대바늘)**

대바늘을 고를 때는 휘지 않고 표면이 매끄러운 것, 사용하려는 실의 굵기보다 약간 굵은 것을 선택해요. 일본에서는 호수로 굵기를 표시하고, 우리나라에서는 밀리미터로 표시해요. 일본 바늘 10호가 5.1mm이므로 대략 5mm 바늘에 해당돼요. 몸판을 뜰 때는 한쪽 끝이 막힌 것을 주로 이용하고, 양쪽 끝이 뚫린 것은 모자 등을 원통으로 굴려가면서 뜰 때 편리해요.

❖ **대바늘(80cm 길이 줄바늘)**

대바늘 2개를 플라스틱 줄로 연결한 바늘로 코가 빠질 염려가 없어 초보자가 사용하기 편해요. 나무 소재의 바늘보다 알루미늄 소재의 바늘이 표면이 매끄러워 사용하기 편해요.

❖ **둘레바늘(40cm 길이)**

짧은 줄바늘로 목선이나 겨드랑이 등의 좁은 부분. 또는 둥글게 뜨는 모자 등에 사용하면 편해요.

❖ **막대장갑바늘**

네 개의 바늘이 한 세트로, 장갑이나 모자 등을 원통으로 뜰 때 사용해요.

❖ **꽈배기바늘**

바늘의 가운데 부분이 활처럼 휘어진 바늘로 코가 쉽게 빠지지 않는 것이 특징이에요. 꽈배기 문양처럼 교차뜨기가 필요한 여러 가지 무늬를 뜰 때 코를 잡아두기 위해 사용해요.

❖ **코바늘**

대바늘과 마찬가지로 실의 굵기에 따라 바늘의 호수를 선택해요. 일반 모사용과 레이스용 두 가지로 나뉘는데 모사용은 호수가 클수록 굵고 레이스용은 호수가 클수록 가늘어요. 소매를 달거나 테두리 무늬를 뜰 때 필요한 도구이며, 모티브 뜨기에도 꼭 필요해요.

❖ **시침핀**

몸판에 소매를 연결할 때나 옆선끼리 꿰맬 때 시침핀으로 고정한 다음 연결하면 어긋나지 않고 편하게 꿰맬 수 있어요.

❖ **돗바늘**

대바늘뜨기를 하면서 솔기를 잇거나 꿰맬 때, 코의 마지막 부분을 마무리할 때, 장식수를 놓을 때 필요한 도구예요.

❖ **방울 메이커**

털실 방울을 손쉽게 만들 수 있는 전용 도구예요. 방울 메이커가 있으면 남은 실로도 방울을 만들 수 있으므로 실을 아낄 수 있어요.

❖ **단·코 표시핀**

단수와 콧수를 표시해둘 때 사용하는 도구예요. 단·코 표시핀을 사용하면 뜨개질을 하면서 매번 번거롭게 단수와 콧수를 다시 세지 않아도 되므로 편리해요.

❖ **줄자**

뜨려는 옷이나 소품의 전체 치수나 부분의 치수를 재기 위해 기본적으로 갖춰야 할 도구예요.

❖ **게이지 자**

10×10cm 안의 단수와 콧수를 잴 때 필요한 자예요. 중앙에 구멍이 뚫려 있어 바늘을 딱 맞는 구멍에 집어넣어 일본 바늘의 호수를 mm 단위로 환산할 수 있어요.

❖ **게이지란?**

작품을 뜨기 전 가장 먼저 해야 하는 작업이면서, 가장 중요한 과정이기도 해요. 조금은 번거롭게 느껴지기도 하지만 완성도 높은 작품을 만들기 위해선 꼭 필요한 작업이에요. 먼저 뜨고자 하는 실과 바늘을 이용해 선택한 무늬뜨기로 사방 약 15cm 정도의 크기가 나오도록 시범뜨기를 해요. 이 상태(세탁 전의 게이지)에서 사방 10cm 안의 콧수와 단수를 세어 놓고 세탁을 해요. 뉘어 말린 다음 세탁 후의 게이지, 즉 사방 10cm 안에 들어 있는 콧수와 단수를 세어 놓아요. 이것을 게이지라고 해요.

세탁 전과 세탁 후의 게이지를 모두 재는 이유는 세탁 전과 후를 비교해봐야 실의 변화나 뜨는 사람의 손의 변화를 알고 오차를 줄일 수 있기 때문이에요.

게이지란 원래 사방 1cm 안의 콧수와 단수를 뜻하지만, 오차가 커질 수 있으므로 통상적으로 사방 10cm 안의 콧수와 단수를 잽니다. 이것을 1cm로 환산해서 적용해요. 게이지를 잴 때는 보통 두세 군데를 재어 평균값을 내는 것이 좋아요.

02 초보자의 도안 읽기

❖ 슬라브사 귀마개 모자(여성용) 뜨는 법

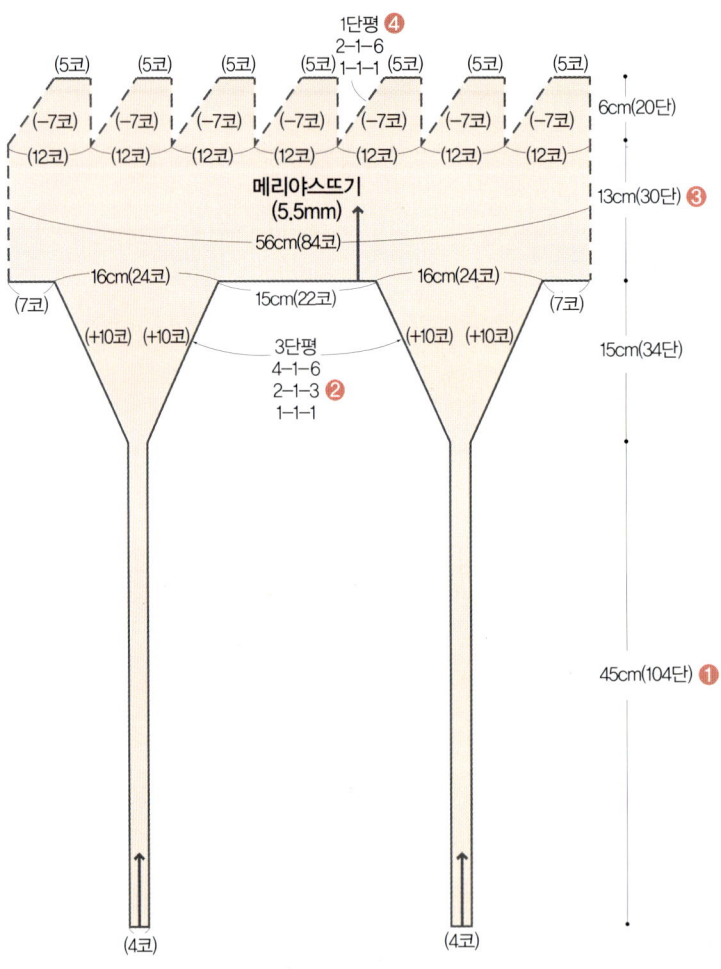

❶ 5.5mm 대바늘을 사용해 4코를 잡아 메리야스뜨기 104단을 떠요.

❷ 코 늘리기

3 단 평
4 - 1 - 6
2 - 1 - 3
1 - 1 - 1
(단수)(콧수)(횟수)

❖ 1-1-1: 첫째 단에서 겉뜨기를 뜰 때 양쪽 끝에서 1코씩 늘리기를 1번 해요.

- 2-1-3: 안뜨기 1단을 뜨고 다시 둘째 단, 겉뜨기를 뜰때 양쪽 끝에서 1코씩 늘리기를 3번 반복해요. 즉 총 6단에 걸쳐 뜨게 돼요.
- 4-1-6: 안뜨기 1단, 겉뜨기 1단, 안뜨기 1단까지 3단을 뜨고 4단째 다시 겉뜨기를 뜰 때 양쪽 끝에서 1코 늘리기를 6번 반복해요. 즉 총 24단에 걸쳐 뜨게 돼요.
- 1단평: 안뜨기 1단을 떠요.

이렇게 귀마개 2장을 떠요.

❸ 떠놓은 1장의 귀마개를 5.5mm 둘레바늘을 사용해 겉뜨기하고 감아코로 22코 만들어요. 이어서 나머지 귀마개 1장도 겉뜨기하고 감아코로 14코를 만들어 원형으로 메리야스뜨기 30단을 떠요(원형으로 메리야스뜨기 뜰 땐 계속 겉뜨기만 뜨면 돼요).

❹ 코 줄이기

```
1 단 평
2 - 1 - 6
1 - 1 - 1
(단수)(콧수)(횟수)
```

- 1-1-1: 첫째 단을 뜰 때 1코 줄이기를 1번 하라는 의미로, 1코, 2코, 3코… 쭉 겉뜨기로 뜨다가 11코, 12코를 한꺼번에 겉뜨기하여 1코를 줄여요. 다시 1코, 2코… 세면서 뜨다가 11번째 코와 12번째 코를 한꺼번에 겉뜨기하여 1코 줄여요. 이렇게 7번을 반복하면서 1단을 떠요(총 7코 줄임).
- 2-1-6: 2단 간격마다 1코씩 줄임을 6회 반복하라는 의미로, 총 12단에 걸쳐 줄임을 하는데, 겉뜨기 1단을 뜨고 다시 둘째 단(처음 단부터 세면 셋째 단)을 뜰 때, 1코, 2코, 3코… 쭉 겉뜨기로 뜨다가 10번째 코와 11번째 코를 한꺼번에 겉뜨기해 1코를 줄여요. 이렇게 7회 반복하여 7코를 줄여요(2-1-1).

그다음 줄임은 9번째 코와 10번째 코 겹쳐뜨기(2-1-2)
그다음 줄임은 8번째 코와 9번째 코 겹쳐뜨기(2-1-3)
그다음 줄임은 7번째 코와 8번째 코 겹쳐뜨기(2-1-4)
그다음 줄임은 6번째 코와 7번째 코 겹쳐뜨기(2-1-5)
그다음 줄임은 5번째 코와 6번째 코 겹쳐뜨기(2-1-6)

- 1단평: 1단을 겉뜨기하면 바늘에 총 35코만 남아요.

03 대바늘뜨기의 기본 기법과 완성 모양

 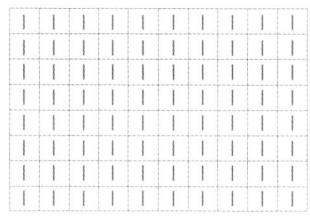

메리야스뜨기
가장 기본이 되는 뜨기 방법으로, 겉쪽 면에서는 겉뜨기를 뜨고, 안쪽 면에서는 안뜨기를 떠요.

가터뜨기
겉쪽 면에서도 겉뜨기를 하고, 안쪽 면에서도 겉뜨기만을 계속 뜨는 방법이에요.

 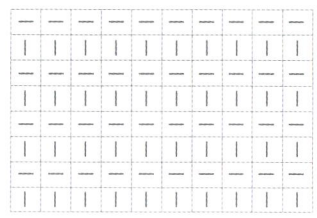

1코 고무뜨기
주로 니트의 끝단 처리에 사용하는 방법으로, 겉뜨기와 안뜨기를 1코씩 번갈아가며 떠요.

2코 고무뜨기
겉뜨기 2코, 안뜨기 2코씩 번갈아가며 떠요.

 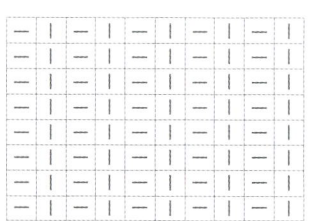

1코 2단 멍석뜨기
첫째 단과 둘째 단은 1코 고무뜨기를 뜨고 셋째 단을 뜰 때 겉뜨기를 안뜨기로, 안뜨기를 겉뜨기로 떠요. 넷째 단은 모양 그대로 1코 고무뜨기를 해요. 즉, 2단에 1번씩 멍석뜨기를 해요.

코 만드는 법 04

❖ 기본코 만드는 법

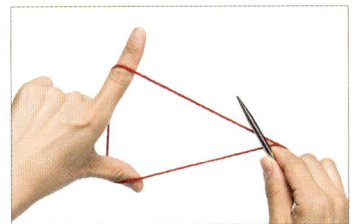

1. 실을 반 접어 왼손의 엄지와 검지를 실 가닥 사이로 집어넣어요.

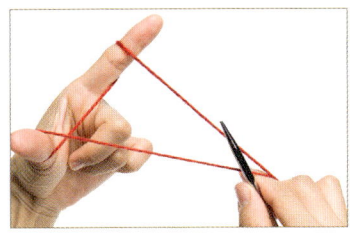

2. 왼손을 들어올려요.

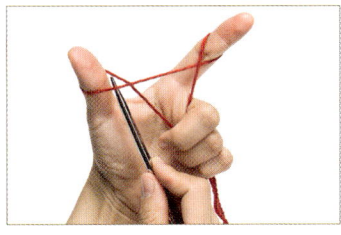

3. 오른손에 바늘을 쥐고 엄지손가락 앞에 있는 실을 먼저 걸고

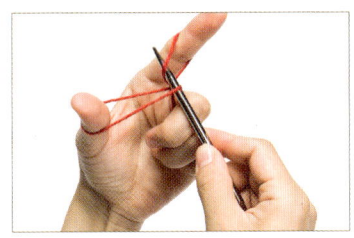

4. 검지손가락에 있는 실을 걸어

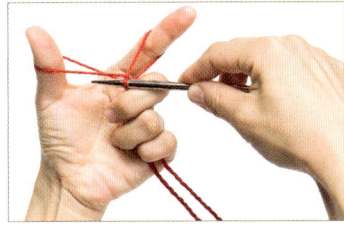

5. 엄지에 걸려 있는 실 사이로 빼와요.

6. 왼쪽 손가락에 걸려 있던 실을 놓고 잡아당겨요.

7. 엄지와 검지로 실 가닥 사이를 벌려 당겨 오른쪽 바늘에 코가 걸리게 해요 (1코 완성 모양).

8. 3~6번 과정을 반복해요.

9. 원하는 콧수만큼 코를 잡아요.

10. 코 잡은 모양

❖ 보조실을 이용해 고무단 코 만드는 법

1코 고무뜨기일 경우

‖-‖-‖-‖ 양쪽 끝이 겉뜨기 2코인 경우 | 보조실 콧수 = (필요 콧수+3)÷2, 필요 콧수는 홀수

1. 보조실(빨강색실)로 기본코를 잡아 본실(회색실)로 메리야스뜨기 3단을 떠요.

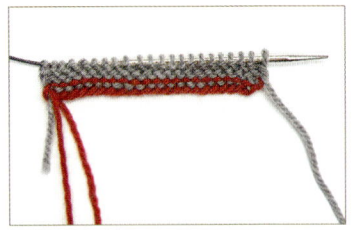

2. 뒤집어서 안면을 바라봐요.

3. 맨 끝의 보조실을 잡아당겨

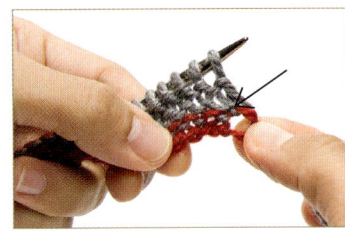

4. 그 사이에 숨어 있던 코를 찾아놓아요(회색실 코).

5. 왼쪽 바늘에 걸려 있는 첫 코를 뜨지 않고 오른쪽 바늘로 옮겨요.

6. 4에서 찾아놓은 코를 바늘에 찔러 넣고

7. 오른쪽 바늘에 걸려 있는 2코를 동시에 왼쪽 바늘로 옮겨

8. 한꺼번에 안뜨기해요.

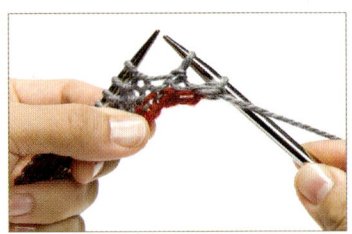

9. 왼쪽 바늘에 있는 다음 코를 뜨지 않고 오른쪽 바늘로 옮겨요.

10. 밑에 보조실 사이에 있는 회색실 코를 끌어올려요.

11. 9, 10번의 2코를 왼쪽 바늘에 걸쳐 한꺼번에 안뜨기해요.

12. 밑의 코를 들어올려

13. 왼쪽 바늘에 걸치고 실을 감아

14. 겉뜨기해요.

15. 실 가닥을 앞으로 옮기고 왼쪽 바늘에 걸려 있는 코를 안뜨기해요.

16. 12~15번 과정을 마지막 2코가 남을 때까지 반복해요.

17. 왼쪽 바늘에 있는 코를 안뜨기해요.

18. 왼쪽 바늘에 있는 마지막 코를 뜨지 않고 오른쪽 바늘로 옮기고

19. 밑의 마지막 코를 들어올려

20. 18, 19번의 코를 왼쪽 바늘에 옮겨

21. 한꺼번에 안뜨기해요.

22. 보조실을 풀어내요.

2코 고무뜨기일 경우

|||--||--||--||| 양쪽 끝이 겉뜨기 3코인 경우 | 보조실 콧수=(필요 콧수+4)÷2, 필요 콧수는 4의 배수

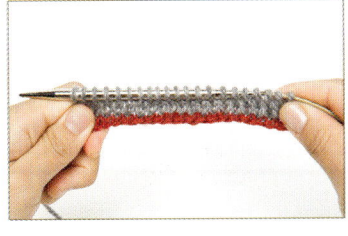

1. 보조실(빨강색실)로 기본코를 잡고 본실(회색실)로 메리야스뜨기 3단을 떠요.

2. 뒤집어서 안면을 바라보고 맨 끝의 보조실을 잡아당겨

3. 그 사이에 숨어 있던 코를 찾아놓아요(회색실 코).

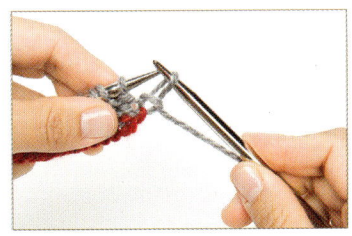

4. 왼쪽 바늘에 걸려 있는 첫 코를 뜨지 않고 오른쪽 바늘에 옮겨요.

5. 3에서 찾아냈던 코를 바늘에 찔러넣고

6. 2코를 동시에 왼쪽 바늘에 옮겨 한꺼번에 안뜨기해요.

7. 왼쪽 바늘에 있는 다음 코를 뜨지 않고 오른쪽 바늘로 옮겨요.

8. 밑에 보조실 사이에 있는 회색실 코를 끌어올려요.

9. 7,8번의 2코를 한꺼번에 안뜨기하고, 왼쪽 바늘의 다음 1코도 안뜨기해요.

10. 밑에 있는 2코를 연달아 끌어올려 겉뜨기해요.

11. 바늘에 걸려 있는 2코를 연달아 안뜨기해요.

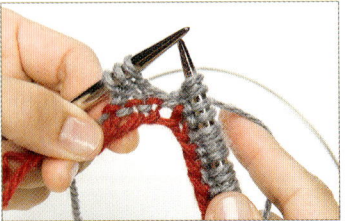

12. 마지막 3코가 남을 때까지 10~11번 과정을 반복해요.

13. 바늘에 있는 코를 안뜨기해요.

14. 왼쪽 바늘에 있는 코를 뜨지 않고 오른쪽 바늘에 옮겨놓고

15. 밑의 코를 끌어올려

16. *14, 15*번의 2코를 왼쪽 바늘에 걸쳐서 한꺼번에 안뜨기해요.

17. 왼쪽 바늘의 마지막 코를 오른쪽 바늘에 옮기고

18. 밑의 마지막 코를 들어올려

19. *17, 18*의 2코를 한꺼번에 왼쪽 바늘에 걸쳐서 안뜨기해요.

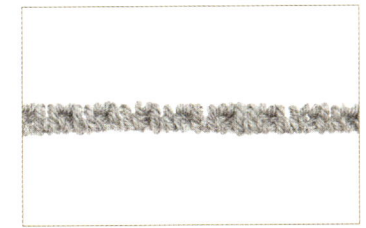

20. 2코 고무단 완성 모습

05 자주 사용하는 뜨기 기호

| ㅣ | 겉뜨기

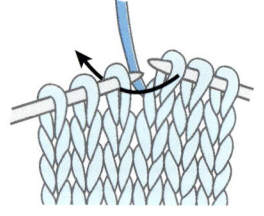 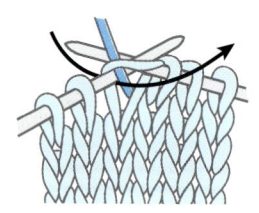 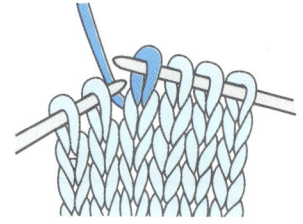

1. 코 앞에서 오른쪽 바늘을 왼쪽 코의 뒤로 넣어요.

2. 뒤로 넣은 바늘에 실을 안쪽으로 감은 다음 화살표 방향으로 바늘을 빼내요.

3. 겉뜨기가 완성된 모습이에요.

| ― | 안뜨기

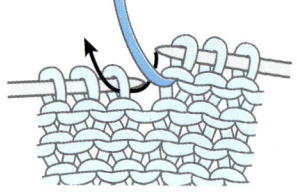 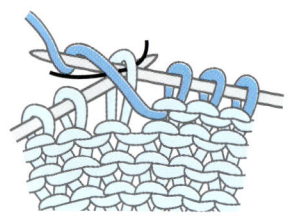 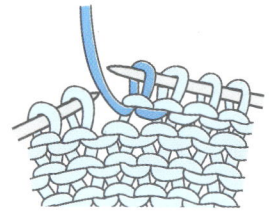

1. 오른쪽 바늘을 왼쪽 코 뒤에서 앞으로 넣어요.

2. 앞으로 뺀 바늘 위로 실을 돌려 감은 다음 화살표 방향으로 바늘을 빼내요.

3. 안뜨기가 완성된 모습이에요.

| ╲ | 오른 코 2코 모아뜨기

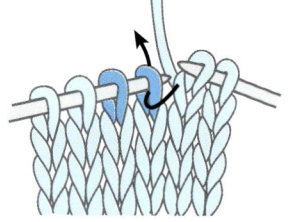 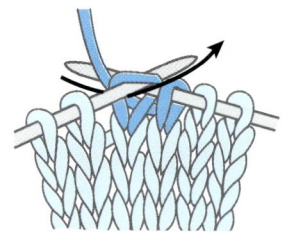 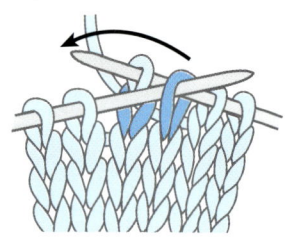

1. 모아뜨기할 코를 뜨지 않고 오른쪽 바늘로 코를 옮겨요.

2. 1의 상태에서 다음 코를 겉뜨기해요.

3. 옮겨놓았던 오른쪽 바늘의 코를 겉뜨기한 코에 덮어씌워요.

| ╱ | 왼 코 2코 모아뜨기

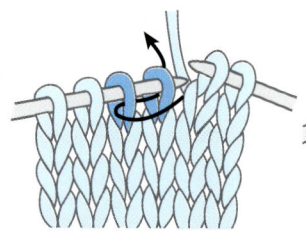 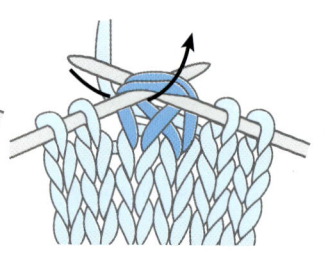 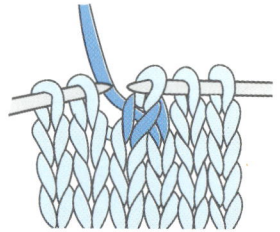

1. 오른쪽 바늘을 왼쪽 2코에 화살표 방향으로 한꺼번에 넣어요.

2. 2코를 한꺼번에 겉뜨기해요.

3. 완성된 모습이에요.

● 코막음하기

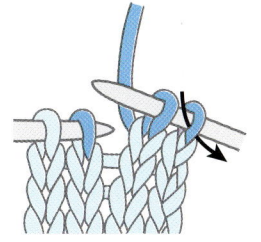
1. 겉뜨기한 2코 중 오른쪽 코에 왼쪽 바늘을 넣어요.

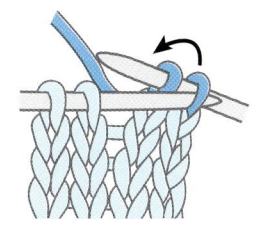
2. 왼쪽 바늘을 위로 들어올려 덮어씌워서 빼내요.

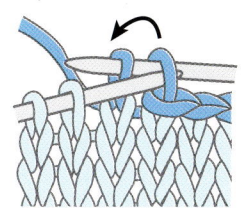
3. 다음 코를 다시 겉뜨기한 후 오른쪽 코를 들어 올려 덮어씌우기를 반복해요.

○ 바늘 비우기

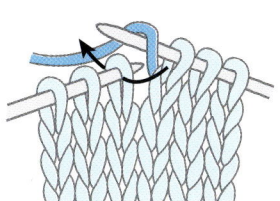
1. 오른쪽 바늘에 실을 감고, 다음 코에 화살표 방향으로 바늘을 넣어요.

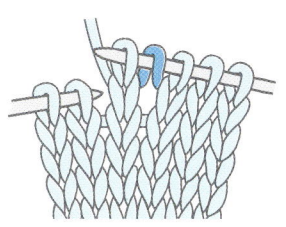
2. 실을 감아 겉뜨기해요.

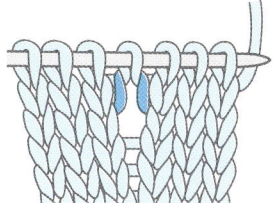
3. 다음 코부터는 그대로 겉뜨기해요.

入 중심 3코 모아뜨기

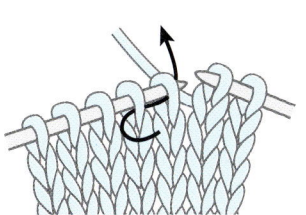
1. 2코를 뜨지 않고 화살표 방향으로 오른쪽 바늘에 옮겨요.

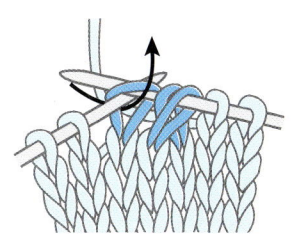
2. 다음 세 번째 코를 겉뜨기해요.

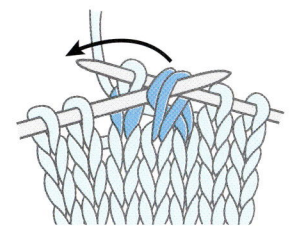
3. 옮겨놓은 2코를 겉뜨기한 코에 덮어씌우면 완성돼요.

不 왼코 중심 3코 모아뜨기

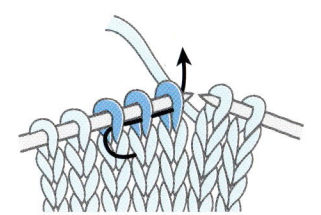
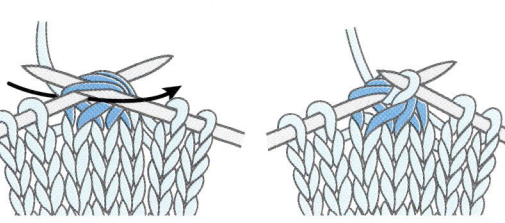
1│2│3. 3코를 동시에 같이 겉뜨기해요.

4. 완성된 모양이에요.

**오른 코 위
2코 교차뜨기**
(2:2 꽈배기뜨기)

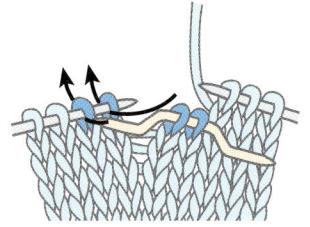

1. 왼쪽의 2코를 꽈배기바늘에 옮겨 앞쪽에 놓아요.

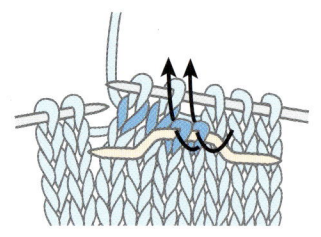

2. 다음 2코를 차례대로 겉뜨기한 뒤, 꽈배기바늘에 옮긴 코를 1코씩 겉뜨기해요.

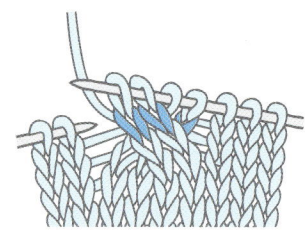

3. 교차된 모습이에요.

**왼 코 위
2코 교차뜨기**
(2:2 꽈배기뜨기)

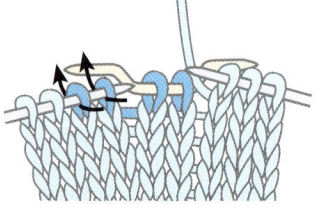

1. 왼쪽의 2코를 꽈배기바늘에 옮겨 앞쪽에 놓아요.

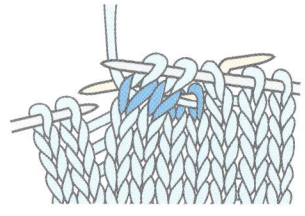

2. 다음 2코를 차례대로 겉뜨기한 뒤, 꽈배기바늘에 옮긴 코를 1코씩 겉뜨기해요.

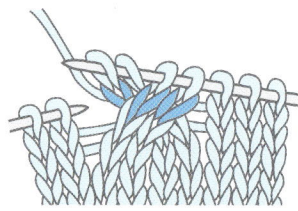

3. 교차된 모습이에요.

 걸러뜨기

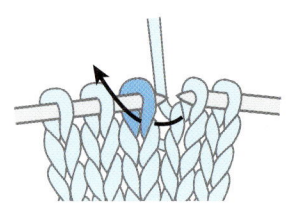

1. 지정된 위치에서 왼쪽 바늘의 코를 뜨지 않고 오른쪽 바늘에 그대로 옮겨요.

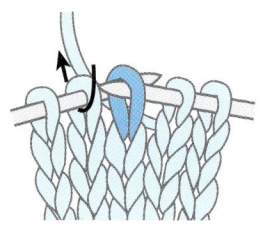

2. 다음 단에서는 그대로 떠요.

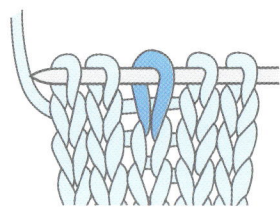

3. 완성된 모습이에요.

1코 끌어올리기

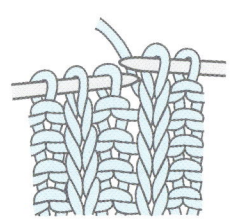

1. 첫째 단은 1코 고무뜨기를 해요.

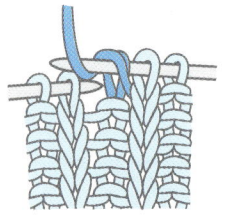

2. 둘째 단 안면에서 안뜨기코를 뜨지 않고 안뜨기하듯이 그대로 오른쪽 바늘에 옮긴 후, 실을 앞쪽으로 놓고 다음 겉뜨기를 떠요.

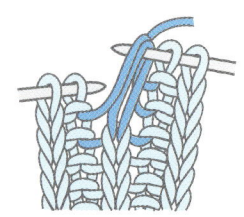

3. 셋째 단 겉면에서 겉뜨기를 뜰 때 걸쳐져 있던 코와 함께 겉뜨기해요.

코 늘리기 06

감아코로 늘리기 (2코 이상 늘림)

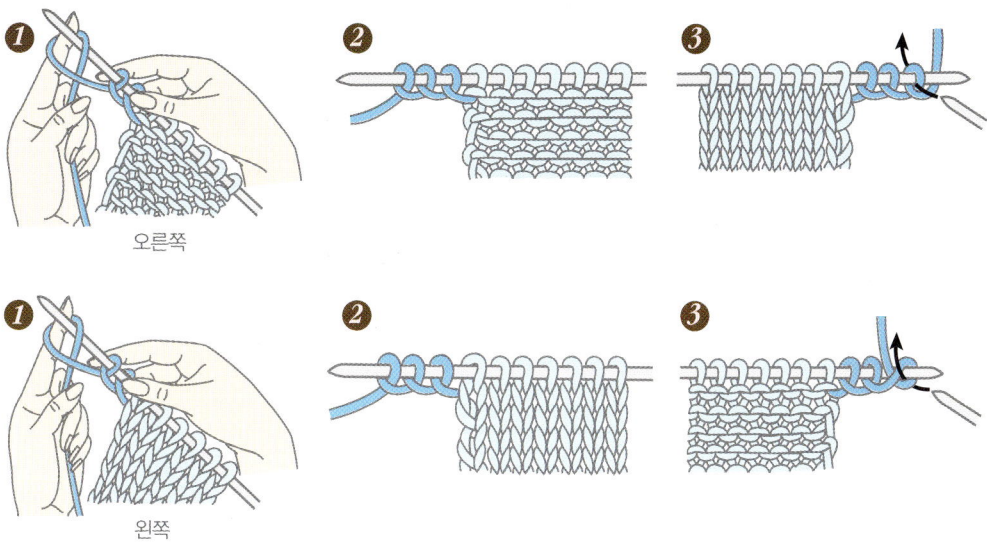

1. 손가락을 이용해서 그림처럼 고리를 만들어요.
2. 오른쪽 바늘에 왼쪽 검지손가락에 걸려 있는 실을 걸어와요.
3. 코 늘리기가 완성된 모양이에요.

별도 사슬코를 이용해서 코 늘리기

코바늘을 이용해 별도의 실로 늘릴 콧수만큼 사슬뜨기를 해요. 사슬뜨기한 뒷산, 콧등에서 순서대로 코를 주워요.

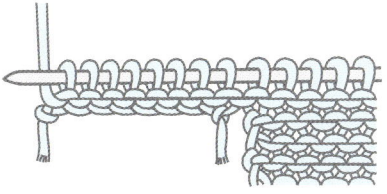

오른쪽 측면 늘리기

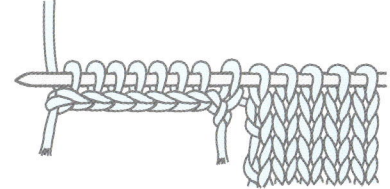

왼쪽 측면 늘리기

07 마무리하는 법

❖ 대바늘 덮어씌우기로 마무리하기

덮어씌우기로 마무리하기(코막음하기)

1. 겉뜨기 2코를 떠요.

2. 왼쪽 바늘을 첫 번째 코 밑에 찔러넣어 두 번째 코에 뒤집어씌워요.

3. 그 다음코를 겉뜨기하고

4. 또 뒤집어씌워요.

5. 3, 4번 과정을 반복해요.

6. 계속 1코씩 겉뜨기하면서 뒤집어씌우기를 끝까지 반복해요.

7. 실을 15cm가량 남기고 자른 다음 마지막 코 구멍 사이로 통과시켜요.

8. 실을 잡아당겨요.

반대로 1코 고무뜨기하면서 덮어씌우기

1. 2코를 겉뜨기해요.

2. 왼쪽 바늘을 첫 번째 코 밑에 찔러넣어 두 번째 코에 뒤집어씌워요.

3. 다음 안뜨기코를 겉뜨기로 뜨고

4. 뒤집어씌워요.

5. 실은 바늘 아래에서 뒤에서 앞으로 옮겨놓고

6. 다음 겉뜨기코를 안뜨기로 뜬 후

7. 뒤집어씌워요.

8. 실은 바늘 아래에서 앞에서 뒤로 옮기고

9. 다음 안뜨기코를 겉뜨기로 떠 뒤집어씌우기를 반복해요.

10. 즉, 겉뜨기는 안뜨기로, 안뜨기는 겉뜨기로 뜨면서 뒤집어씌우는데 이때 실 방향은 바늘 아래쪽에서 왔다 갔다 옮겨요.

11. 덮어씌운 모습. 코막음한 것보다 훨씬 신축성이 좋아요.

12. 실을 자르고 마지막 코 사이에 통과시켜 오므려요.

❖ 돗바늘로 마무리하기

1코 고무뜨기 원통뜨기일 경우

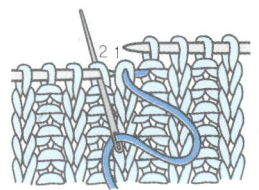

1. 첫 코는 뒤쪽에서 앞쪽으로, 둘째 코는 앞에서 뒤쪽으로 바늘을 넣어요.

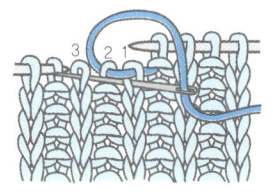

2. 겉뜨기끼리 1의 코 앞쪽에서 바늘을 넣고, 3의 코는 뒤쪽에서 앞으로 바늘을 넣어요.

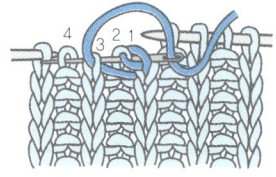

3. 안뜨기끼리 2의 코 뒤쪽에서 바늘을 넣고, 4의 코는 앞에서 뒤쪽으로 바늘을 빼내요.

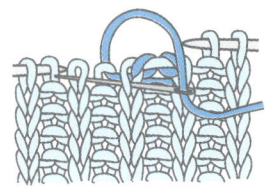

4. 2와 3의 과정과 같은 방법으로 반복해요.

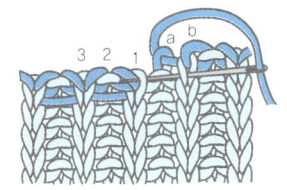

5. 마지막으로 겉뜨기 코 b와 시작코 1을 겉뜨기끼리 연결해요.

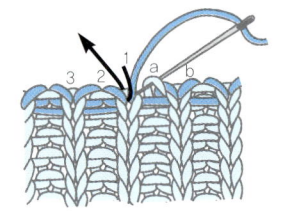

6. 안뜨기 코인 a와 2에 바늘을 넣어요.

1코 고무뜨기 평뜨기일 경우

‖-‖-‖-‖ 양쪽 끝이 겉뜨기 2코인 경우

1. 돗바늘에 실을 꿰어 첫 코를 겉뜨기 하듯이 코의 앞에서 뒤로 돗바늘을 빼와요.

2. 다음 코는 안뜨기하듯이 뒤쪽에서 앞으로 돗바늘을 빼와요.

3. 1의 코 앞에서 바늘을 넣고 세 번째 안뜨기코를 겉뜨기하듯이 앞에서 뒤로 빼와요.

4. 돗바늘의 실을 빼올 때 천천히 잡아 당겨요. 이때 완전히 당기지 말고 조금 남긴 상태에서 고리를 들어올리면 다음 코를 찾기 쉬워요.

5. 실에 걸려 있는 코와 바늘에 걸려 있는 겉뜨기 코를 연결해요.

6. 마찬가지로 실을 완전히 잡아당기지 말고 천천히 잡아당기면서 먼저 코를 찾아요.

7. 실에 걸려 있는 코를 위에서 아래로 찔러 걸어오고 바늘에 걸려 있는 안뜨기코를 겉뜨기하듯이 빼와요.

8. 다시 겉뜨기코끼리 연결해요.

9. 뒤쪽을 바라보고 실에 걸려 있는 코에 돗바늘을 위에서 찔러넣고

10. 왼쪽 바늘에 걸려 있는 코를 앞에서 뒤로 찔러 연결해요.

11. 8~10번 과정을 반복해요.

12. 마지막 1코 직전까지 반복해요.

13. 마지막 1코가 안뜨기라고 생각하고 뒤쪽에서 안뜨기와 연결해요.

14. 겉면의 마지막 겉뜨기 2코끼리 연결해요.

15. 완성한 모습

2코 고무뜨기 평뜨기일 경우

|||--||--||--||| 양쪽 끝이 겉뜨기 3코인 경우

1. 돗바늘에 실을 꿰고 첫 번째 코를 뒤집어서

2. 바늘에 끼워요.

3. 2코를 한꺼번에 앞에서 뒤로 겉뜨기 하듯이 돗바늘을 찔러넣고

4. 다음 겉뜨기코는 안뜨기하듯이 뒤에서 앞으로 빼와요.

5. 첫 번째 코에 돗바늘을 앞에서 뒤로 찔러넣고

6. 바늘에 걸려 있는 안뜨기코를 앞에서 뒤로 겉뜨기하듯이 돗바늘을 넣어 연결해요.

7. 돗바늘의 실을 빼올 때는 천천히 잡아당겨요. 이때 완전히 당기지 말고 조금 남긴 상태에서 고리를 들어올리면 다음 코를 찾기 쉬워요.

8. 실 가닥에 걸려 있는 겉뜨기코와 바늘에 걸려 있는 안뜨기 1코 다음에 있는 겉뜨기코끼리 먼저 연결해요.

9. 뒤쪽을 바라보고 실 가닥에 달려 있는 안뜨기코(뒤에서는 겉뜨기로 보임)를 찾아요.

10. 바늘을 위에서 아래로 찔러넣고

11. 바늘에 걸려 있는 안뜨기코에 돗바늘을 겉뜨기하듯이 찔러넣어

12. 연결하고 *8*번에서 했던 겉뜨기코까지 한꺼번에 바늘에서 빼내요.

13. 다시 겉면의 겉뜨기끼리 연결해요.

14. 뒤쪽을 바라보고 안뜨기코끼리 연결해요.

15. 8~14번 과정을 계속 반복해요.

16. 마지막 2코가 남을 때까지 반복해요.

17. 마지막 남은 2코의 자리를 바꿔 바늘에 끼워요.

18. 마지막 겉뜨기코끼리 연결해요.

19. 뒤를 보고 마지막 코끼리 연결해요.

20. 완성 모습

08 꿰매는 법

메리야스뜨기 꿰매기

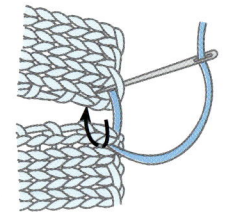 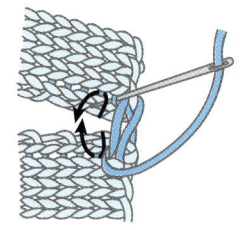 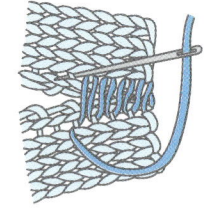

1. 실이 달려 있지 않은 쪽의 끝 쪽을 걸어와요.

2. 시접코 1코 안쪽의 가로줄을 단마다 연결해요.

3. 실을 적당히 잡아당겨요.

안메리야스뜨기 꿰매기

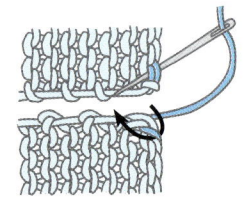 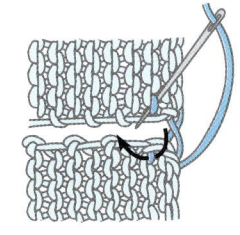 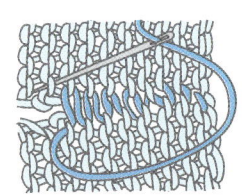

1. 안쪽이 보이도록 놓은 후 윗판의 1코 안쪽 맨 끝 코를 아래 판의 첫 코 아래 볼록한 실과 연결해요.

2. 윗판과 아래 판의 첫째 코와 둘째 코 사이의 아래로 볼록한 실을 함께 걸어요.

3. 위, 아래로 번갈아 1코씩 걸면서 이음실이 보이지 않을 정도로 잡아당겨요.

1코 고무뜨기 꿰매기

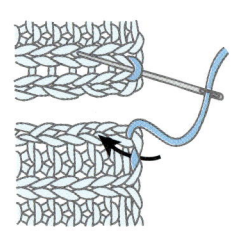 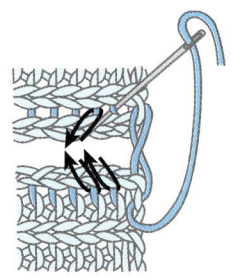 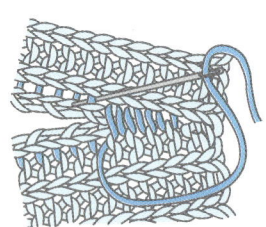

1. 실이 달려 있지 않은 쪽의 끝 쪽을 걸어와요.

2. 시접코 1코 안쪽의 가로줄을 단마다 연결해요.

3. 실을 잡아당겨요.

2코 고무뜨기 꿰매기

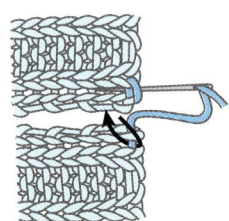 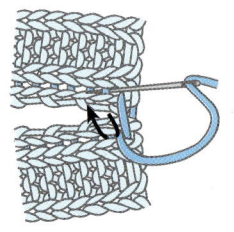

1. 실이 달려 있지 않은 끝 쪽을 걸어와요.

2. 시접코 1코 안쪽의 가로줄을 단마다 연결해요.

반코 꿰매기

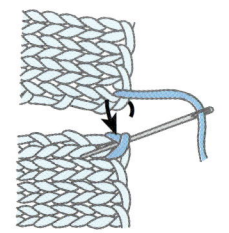 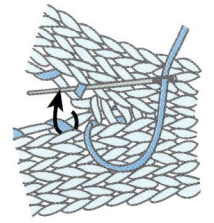

1. 실이 달려 있지 않은 끝 쪽의 실을 걸어와요.

2. 반 코와 반 코가 만나도록 단마다 연결해요.

코바늘로 사슬코 만드는 법
(코바늘 사슬뜨기)

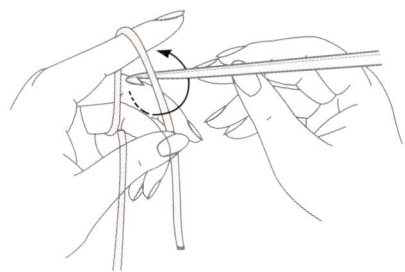

1. 바늘을 실의 뒤쪽에서 화살표 방향으로 한바퀴 돌려요.

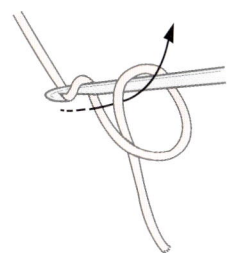

2. 실이 꼬인 모습이에요.

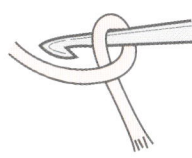

3. 바늘에 실을 걸어 화살표 방향처럼 고리 안으로 빼내요.

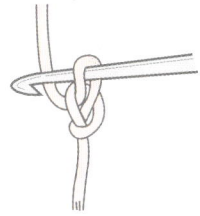

4. 첫 코가 만들어진 모습으로, 이 코는 뜨기 시작하는 꼬이므로 기본코의 수에는 포함되지 않아요.

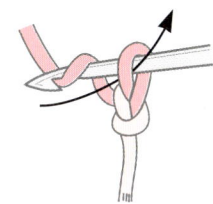

5. 바늘에 실을 걸어요.

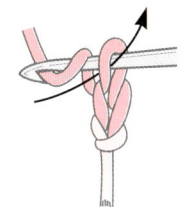

6. 화살표 방향대로 빼와요.

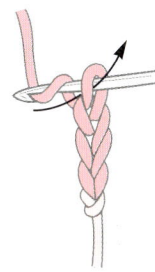

7. 같은 방향으로 필요한 콧수대로 사슬뜨기를 해요.

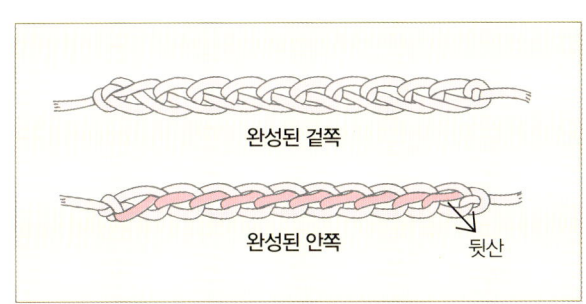

10 방울 만드는 법

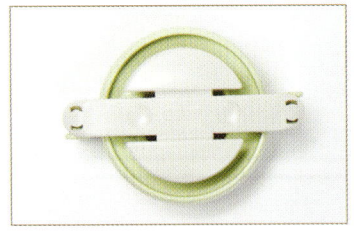

1. 방울 메이커를 준비해요.

2. 방울 메이커 한쪽 다리를 펴서 실을 감아요.

3. 양쪽 사이드 구석까지 실을 꼼꼼히 감아요.

4. 실 감은 쪽을 접어넣고 반대편 쪽을 펴서 실을 감아요.

5. 실을 빽빽하게 감고 나서 틀 안으로 접어넣어요.

6. 가위로 가운데 실을 잘라요.

7. 원으로 돌려가며 실을 잘라요.

8. 자른 사이로 실을 감아요.

9. 실을 잡아당겨 꽉 묶어요.

10. 방울 틀 다리를 펴서

11. 털 방울에서 틀을 빼내요.

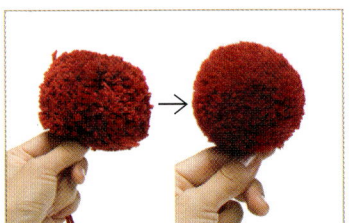

12. 삐죽삐죽 튀어나온 실들을 가위로 다듬어 동그랗게 만들어요.

이럴 땐 이렇게! 왕초보를 위한 손뜨개 Q&A

1. 목도리를 떴는데 옆선이 자꾸 안으로 돌돌 말려요. 왜 그럴까요?

목도리의 무늬뜨기, 특히 메리야스뜨기로만 떴을 경우 완성했을 때 많이 말릴 수 있어요. 만약 메리야스뜨기로 만든다면 양끝 옆선에 가터뜨기나 고무단뜨기 등 앞뒤 모양이 같은 단을 3~4cm 정도 넣어 떠보세요. 말림을 방지할 수 있어요. 이렇게 해도 말린다면 목도리를 완성한 후에 세탁을 해서 모양을 잡거나 스팀다리미로 형태를 잡아 다리세요. 웬만한 말림은 펼 수 있답니다.

2. 처음 손뜨개를 시작하는데, 실 선택이 막막하네요. 실을 선택할 때 주의할 점은 뭘까요?

먼저 무엇을 뜰 건지 확실히 결정한 후에 그 아이템에 필요한 양만큼 한꺼번에 실을 구입하세요. 꼼꼼한 계획 없이 실부터 먼저 구입하면 나중에 아이템을 뜨다가 실이 모자랄 경우가 생긴답니다. 한참 후에 같은 실을 구입하려 할 땐 lot번호(염색번호)가 달라져 있는 경우가 많아요. 실의 혼용률을 살펴보는 것도 중요해요. 아이들 것을 뜬다면 실이 부드럽고 촉감이 좋은지, 털이 빠지지는 않는지 살펴보고, 성인의 것일 경우 아이템을 완성했을 때 너무 무거워지는 실은 아닌지 체크해보세요. 잘 모를 경우 판매자나 전문가에게 물어보고 구입하세요.

3. 중간에 코를 빠뜨려 실을 풀었는데, 너무 꼬불거려요. 꼬불거리는 실을 펴는 방법이 있을까요?

초보자의 경우 떴다 풀었다 하는 경우가 많은데 한 번 사용했던 실을 풀어서 다시 사용하려면 꼬불거려서 불편할 뿐만 아니라 코 모양이 예쁘게 떠지지도 않아요. 이럴 땐 주둥이가 있는 주전자에 물을 넣고 끓이며 뚜껑 쪽에 실을 넣어 주둥이로 나오도록 천천히 잡아당겨보세요. 이렇게 펴놓은 실을 펼쳐서 말리면 새 실이 된답니다.

4. 손뜨개물 니트의 세탁법과 건조법을 알려주세요.

손뜨개물은 뜨고 나서 세탁을 하면 코 모양이 가지런해져서 훨씬 더 예뻐요. 세탁할 때는 울전용세제를 찬물이나 미지근한 물에 적당량 넣어 조물조물 손빨래하세요. 헹굴 때 섬유유연제를 몇 방울 떨어뜨린 뒤 깨끗한 타월이나 보자기에 싸서 세탁기(드럼세탁기 제외)에 넣고 2~3분간 탈수하세요. 탈수한 니트류의 모양을 바로 잡아 바람이 잘 통하는 응달이나 바닥이 따뜻한 곳에 뉘어 말리면 옷 모양이 잘 살아 따로 다림질할 필요가 없어요.

5. 니트를 빨았는데 크기가 줄었어요. 어쩌면 좋죠?

순모 니트를 잘못 세탁하여 줄어들었을 경우, 미지근한 물에 암모니아수를 몇 방울 넣고 옷을 잠시 담가두었다가 물속에서 손으로 살살 잡아당겨 모양을 바로 잡아요. 어느 정도 늘어나면 수건으로 꼭꼭 눌러 물기를 제거한 뒤 평평한 곳에 뉘어 말리세요. 처음처럼 되돌리기는 어렵지만 어느 정도는 늘어난답니다.

6. 올바른 니트 보관법을 알려주세요.

니트를 보관할 때는 반드시 세탁 후에 보관하세요. 보관할 때에는 방충제와 방습제를 넣은 상자에 잘 개어 넣어 두세요. 순모사의 경우 방충제를 넣어두지 않으면 벌레의 습격을 받아 옷이 망가질 수 있어요.

HOW TO MAKE

빨강 목도리

❖ **완성 치수**	26cm × 180cm
❖ **준비물**	실 빨강색 메리노울 300g 바늘 6mm 대바늘, 코바늘, 돗바늘
❖ **게이지**	18코 x 24단(10㎠ 무늬뜨기)

뜨는 방법

1. 6mm 대바늘로 47코를 잡아 무늬뜨기 432단을 떠요.
2. 코막음으로 마무리해요.
3. 40cm 길이로 자른 실 3가닥을 떠놓은 머플러 양끝에 코바늘을 사용하여 23군데씩 술을 달아요.

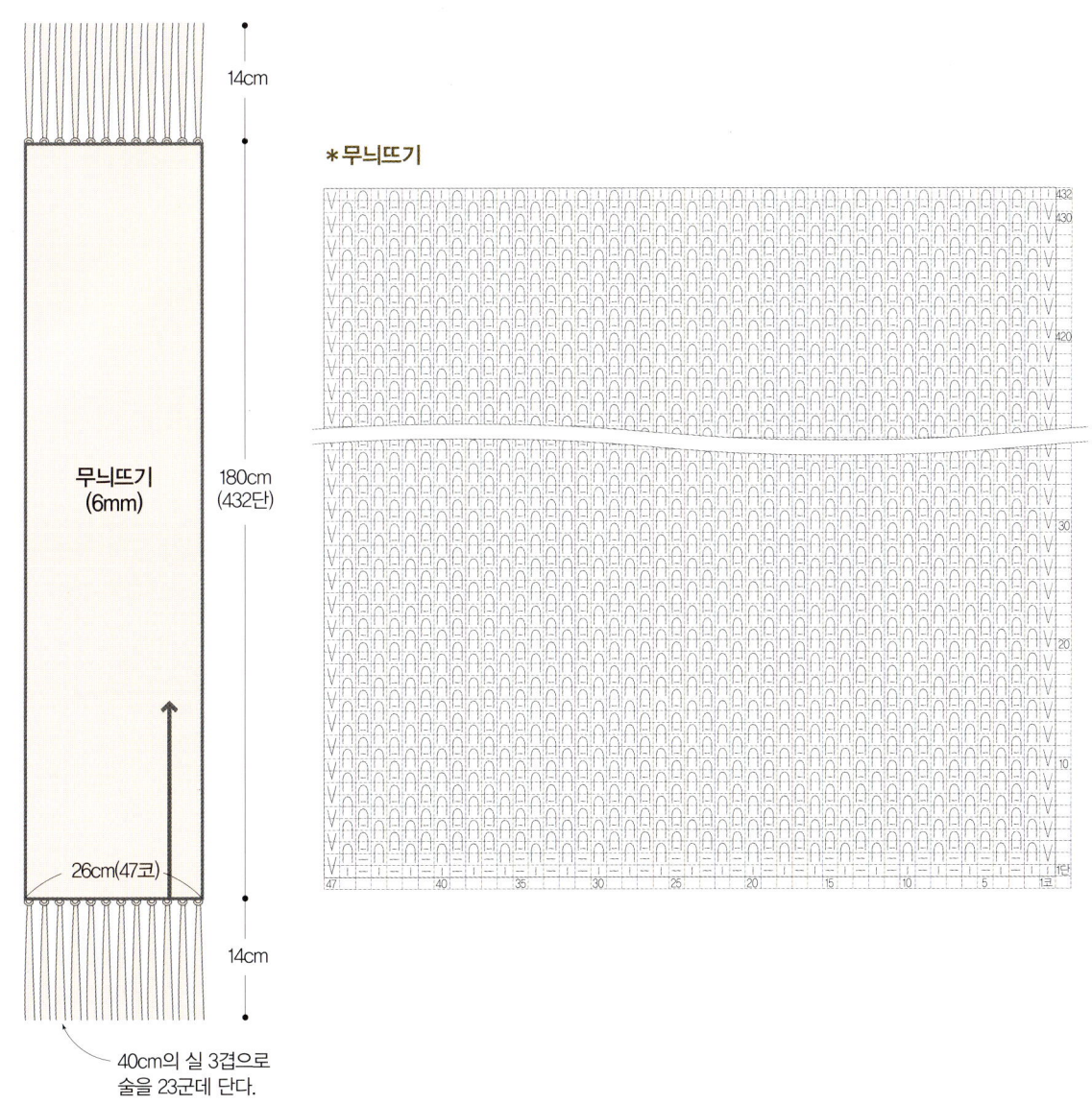

Zoom In 무늬뜨기로 목도리 만들기

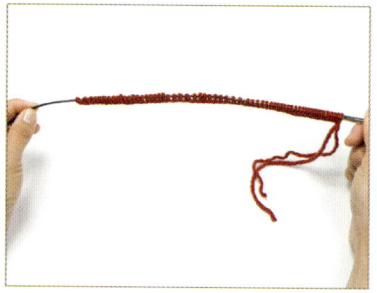

1. 코 잡기 6mm 대바늘로 47코를 잡아요.

2. 첫 코는 뜨지 않고 오른쪽 바늘로 옮겨요.

3. 두 번째 코에 바늘을 앞에서 뒤로 찔러넣어 겉뜨기해요.

4. 실을 앞쪽으로 옮겨요(겉뜨기 할 땐 실을 뒤쪽으로, 안뜨기 할 땐 앞쪽으로 옮겨 뜨세요).

5. 다음 코를 뒤에서 앞으로 찔러 안뜨기해요.

6. 겉뜨기 1코, 안뜨기 1코씩을 반복하고 마지막 끝의 2코는 겉뜨기해요.

7. 1코 고무뜨기로 2단을 떠요.

8. 무늬뜨기 첫 코는 뜨지 않고 오른쪽 바늘로 옮겨요.

9. 두 번째 코는 1단 밑의 코(바늘에 걸려 있는 코의 아래코)에 바늘을 찔러 겉뜨기해요(끌어올리기 무늬뜨기).

10. 실을 앞쪽으로 옮기고 다음 코를 안뜨기해요.

11. 다시 실을 바깥쪽으로 옮긴 후 1단 밑의 코에 바늘을 찔러넣어 다음 코를 겉뜨기해요(끌어올리기 무늬뜨기).

12. 앞뒤로 계속해서 겉뜨기 1코(끌어올리기 무늬뜨기), 안뜨기 1코씩을 반복해 떠서 432단까지 만들어요.

13. **코 마무리** 첫 코는 뜨지 않고 오른쪽 바늘에 옮겨요.

14. 두 번째 코는 겉뜨기해요.

15. 왼쪽 바늘을 첫 번째 코 밑에 찔러넣어 두 번째 코에 뒤집어씌워요.

16. 그다음 코를 겉뜨기한 후 또 뒤집어씌워요.

17. 1코씩 겉뜨기하면서 뒤집어씌우기를 끝까지 반복해요.

18. 실을 15cm가량 남기고 자른 다음 마지막 코 구멍 사이로 통과시켜 마무리해요.

19. **술 달기** 약 32cm 길이의 책에 실을 여러 번 감고 위아래를 잘라 술을 만들어놓아요. 이때 실은 아주 느슨하게 감아요.

20. 실 3가닥을 반으로 접고 술을 달 위치에 코바늘을 밑에서 위로 찔러넣어 그 사이로 실을 반만 빼요.

21. 반만 빼온 구멍 사이로 실을 통과시켜 잡아당겨요.

22. 술을 달고 난 후 밑 선을 가지런히 잘라요.

23. **실 정리** 중간 중간 삐져나온 실은 돗바늘에 끼워 사이사이에 감추는데, 오른쪽에서 왼쪽으로 통과시켜요.

24. 다시 왼쪽에서 오른쪽으로 통과시켜요. 이렇게 지그재그 방향으로 여러 번 반복해 실을 감춰요.

HOW TO MAKE

모던 그레이 목도리

❖ 완성 치수	24cm×204cm
❖ 준비물	실 그레이 링구사 300g(실 2겹 사용)
	바늘 4mm 대바늘, 7mm 대바늘, 돗바늘
❖ 게이지	16코 21단(10㎠ 1코 고무뜨기, 실 2겹)
	26코 32단(10㎠ 1코 고무뜨기, 실 1겹)

뜨는 방법

1. 4mm 대바늘로 실 1겹을 사용해 39코를 잡아 1코 고무뜨기 38단을 떠요.
2. 7mm 대바늘로 바꾸어 실 2겹으로 1코 고무뜨기 378단을 더 떠요.
3. 실 2겹 중 1겹은 잘라버리고 4mm 대바늘로 바꾸어 1코 고무뜨기 38단을 더 뜬 후 덮어씌워 코막음해요(코막음하기 p. 70 참조).

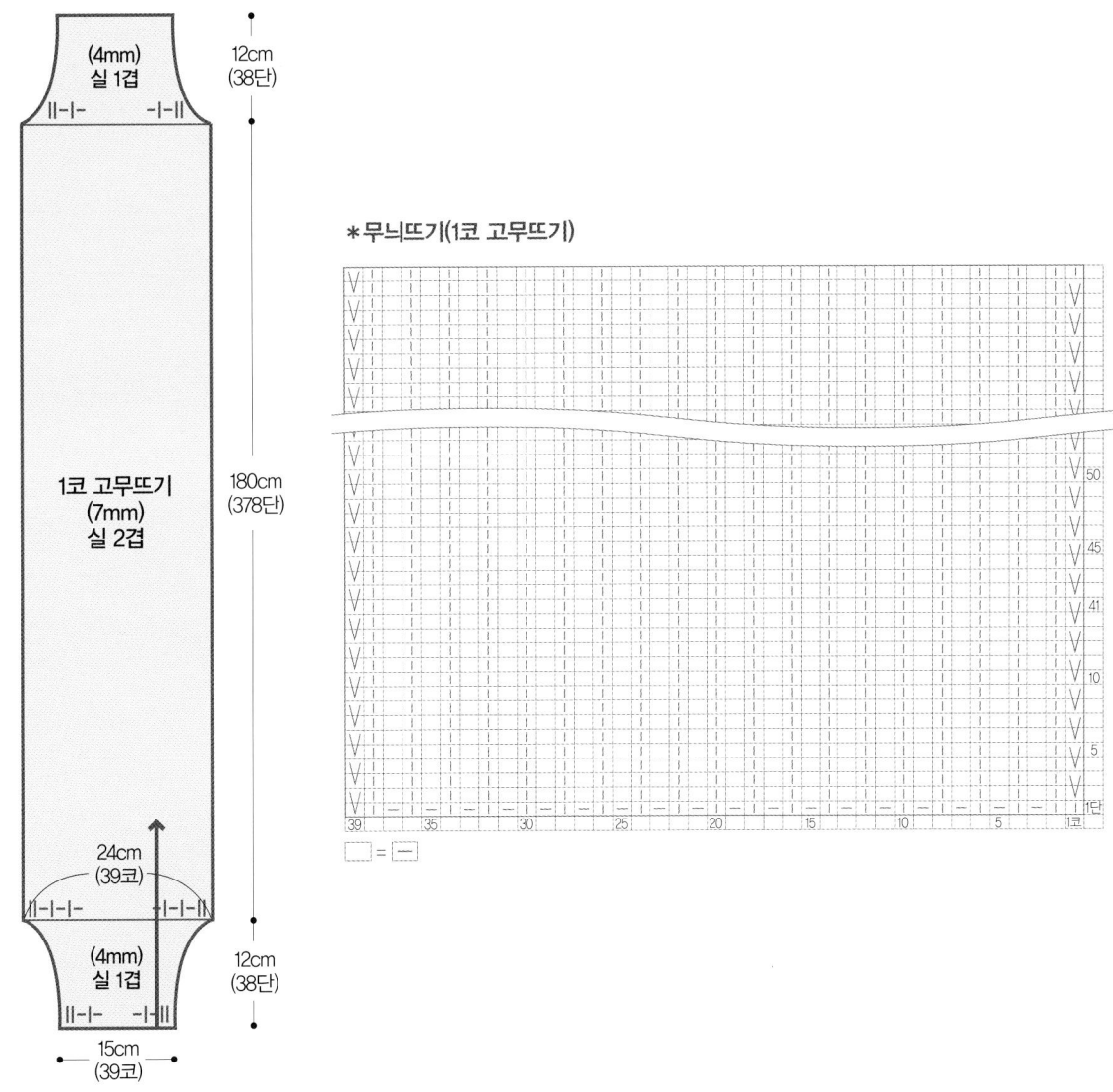

HOW TO MAKE

슬라브사 목도리

❖ 완성 치수	20cm×204cm
❖ 준비물	실 연팥죽색 슬라브사 300g 바늘 5mm 대바늘, 코바늘, 돗바늘
❖ 게이지	19코 22단(10㎠ 1코 변형 고무뜨기)

뜨는 방법

1. 5mm 대바늘로 39코를 잡아 1코 변형고무뜨기 396단을 떠요.
2. 코막음으로 마무리해요.
3. 40cm 길이로 자른 실 3가닥을 떠놓은 머플러 양끝에 코바늘을 사용하여 13군데씩 술을 달아요.

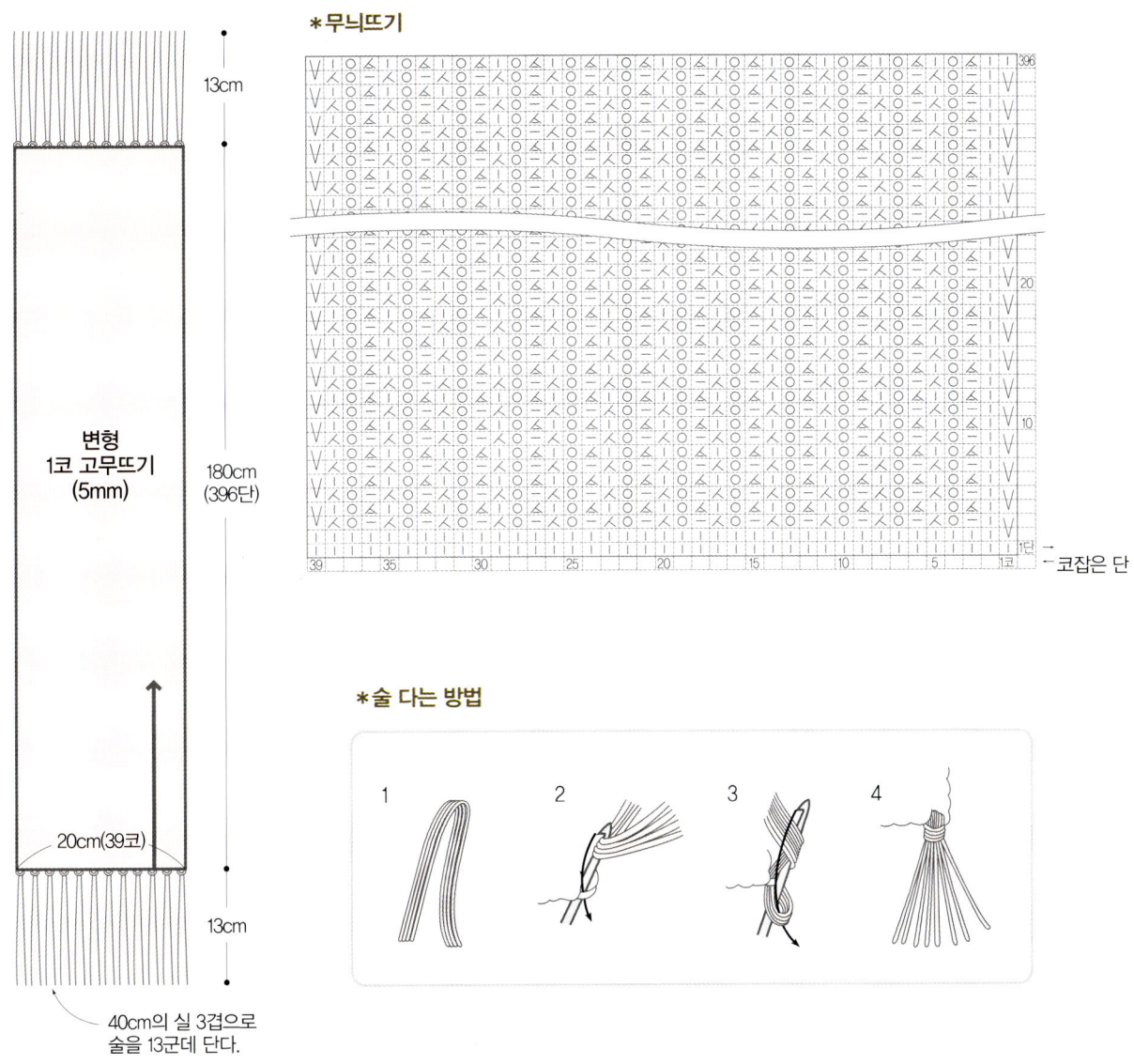

Zoom In ❋ 1코 변형 고무뜨기로 목도리 만들기

1. 코 잡기 5mm 대바늘로 39코를 잡아요.

2. 안뜨기 1단을 떠요.

3. **무늬뜨기(겉면)** 첫 코는 뜨지 않고 오른쪽 바늘로 옮겨요.

4. 두 번째 코는 겉뜨기해요.

5. 실을 앞쪽으로 옮기고 세 번째 코를 안뜨기해요.

6. 실을 그대로 앞쪽에 놓은 상태에서 다음 2코를 한꺼번에 바늘로 찔러요.

7. 실을 감아 한꺼번에 겉뜨기해요.

8. 실을 앞쪽으로 놓고 다음 코를 안뜨기해요.

9. 6, 7, 8번 과정을 계속 반복하고 마지막 1코는 겉뜨기해요.

10. **무늬뜨기(안면)** 뒤로 돌려 다음 단에서 첫 코는 뜨지 않고 안뜨기하듯이 오른쪽 바늘에 옮겨요.

11. 두 번째 코를 안뜨기해요.

12. 실을 그대로 앞쪽에 놓은 상태에서 다음 2코를 한꺼번에 겉뜨기해요.

13. 실을 앞쪽으로 놓고 다음 코를 안뜨기 해요.

14. 12, 13 과정을 계속 반복하고 마지막 2 코는 안뜨기해요.

15. 무늬뜨기 모습

16. 무늬뜨기로 396단을 떠요.

17. 코막음해요(p. 70 참조).

18. 코바늘을 사용하여 술을 달아요(p. 83 술 달기 참조).

HOW TO MAKE

아이보리 비침무늬 스카프

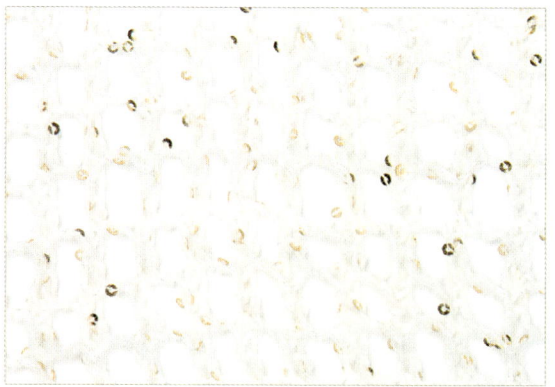

❖ 완성 치수	42cm×180cm
❖ 준비물	실 스팡 주얼사 150g
	바늘 6.5mm 대바늘, 돗바늘
❖ 게이지	14코 17단(10㎠ 무늬뜨기)

뜨는 방법

1. 6.5mm 대바늘로 60코를 잡아 안뜨기 1단을 떠요.
2. 무늬뜨기로 306단을 뜬 후 코막음해요.

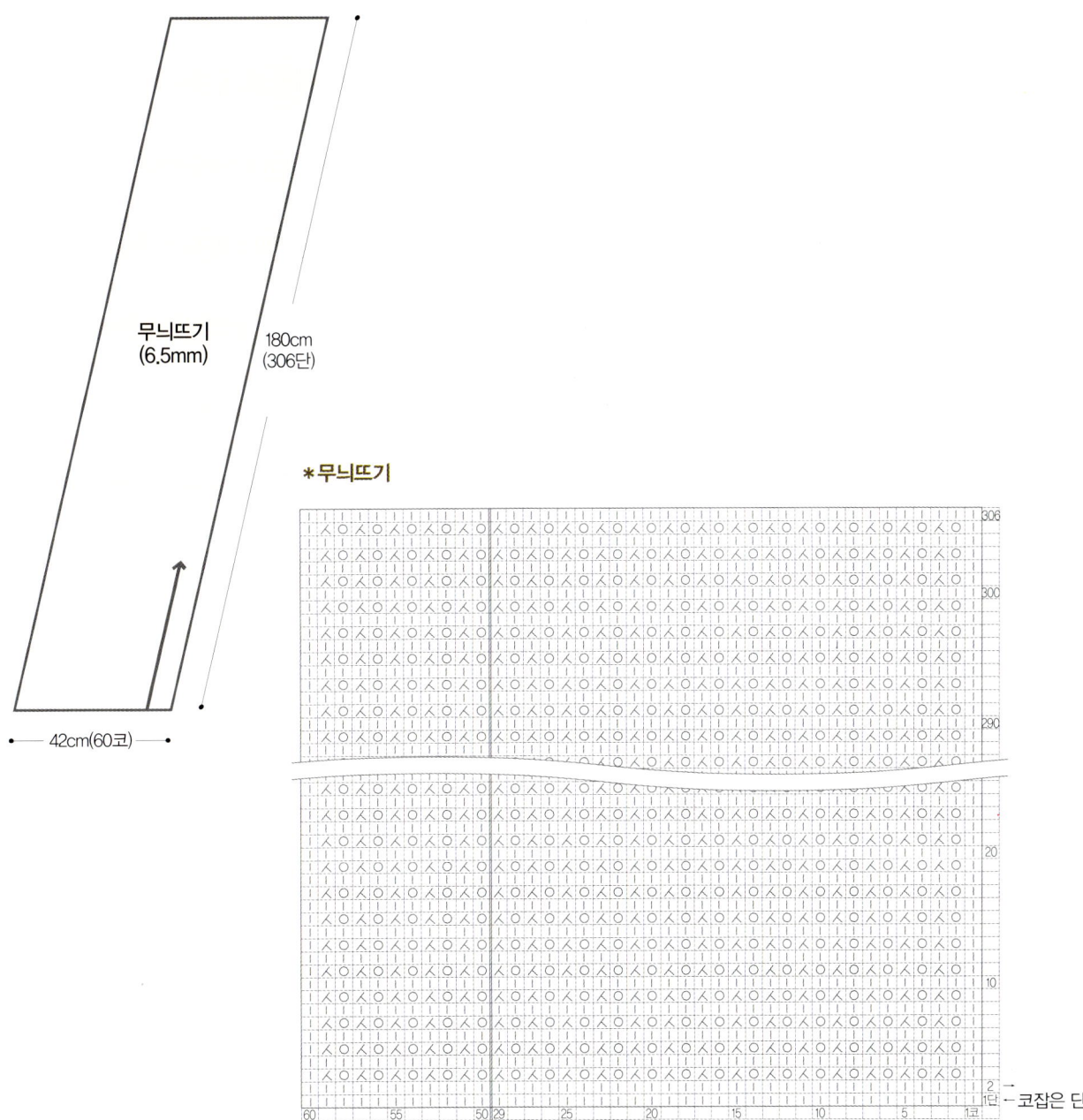

Zoom In 무늬뜨기로 머플러 만들기

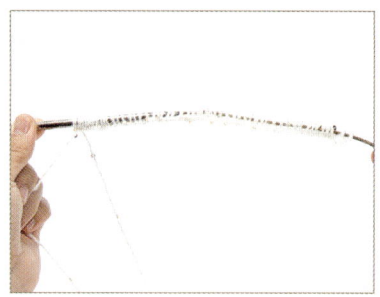

1. **코 잡기** 6.5mm 대바늘로 60코를 잡아요.

2. 안뜨기 1단을 떠요.

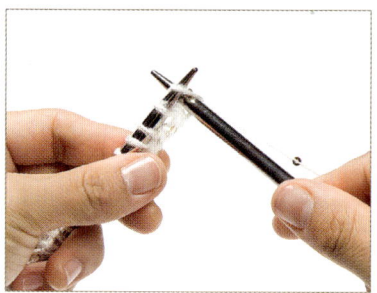

3. **무늬뜨기** 첫 번째 코는 겉뜨기해요.

4. 실을 앞쪽으로 옮겨요.

5. 다음 2코에 한꺼번에 바늘을 앞에서 뒤로 찔러넣어요.

6. 실을 감아 겉뜨기해요.

7. 실을 다시 앞쪽으로 옮겨요.

8. 5번과 같이 다음 2코에 한꺼번에 바늘을 찔러넣어 겉뜨기해요. 4,5번 과정을 계속 반복해요.

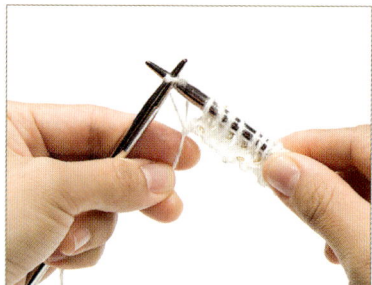

9. 마지막 1코는 겉뜨기해요.

10. 뒤로 돌려 안뜨기 1단을 떠요.

11. **무늬뜨기 모습** 겉면은 무늬뜨기, 안면은 안뜨기를 반복해서 306단을 떠요.

12. 이 무늬뜨기는 뜨고 나면 위 사진과 같이 모양이 사선으로 나와요.

13. **코 마무리** 처음 2코를 겉뜨기해요.

14. 왼쪽 바늘을 첫 번째 코 밑에 찔러넣어 두 번째 코에 뒤집어씌워요.

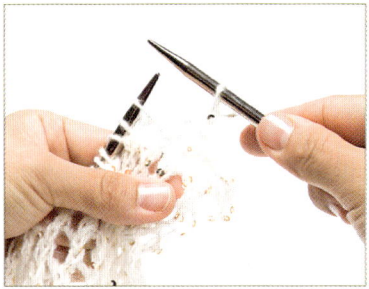

15. 끝까지 덮어씌우고 실을 15cm가량 남겨 자른 다음, 마지막 코 구멍 사이로 남긴 실을 통과시켜 마무리해요.

HOW TO MAKE

카키색 목도리

❖ **완성 치수**	25cm×192cm
❖ **준비물**	실 카키색 메리노울 300g 바늘 5.5mm 대바늘, 돗바늘
❖ **게이지**	20코 28단(10㎠ 가터뜨기) 20코 22단 (10㎠ 3코 고무뜨기)

{ 뜨는 방법 }

1. 5.5mm 대바늘로 49코를 잡아 1코 고무뜨기 2단을 떠요(보조실을 이용한 1코 고무단 코 잡기 p. 62 참조).
2. 가터뜨기 28단을 떠요. 이때 양끝의 5코씩은 1코 고무뜨기로 떠요.
3. 3코 고무뜨기 22단을 떠요.
4. 2와 3을 반복해 482단을 떠요.
5. 1코 고무뜨기 2단을 뜬 후 돗바늘 마무리해요(p. 72 1코 고무뜨기 평뜨기 마무리 참조).

*무늬뜨기

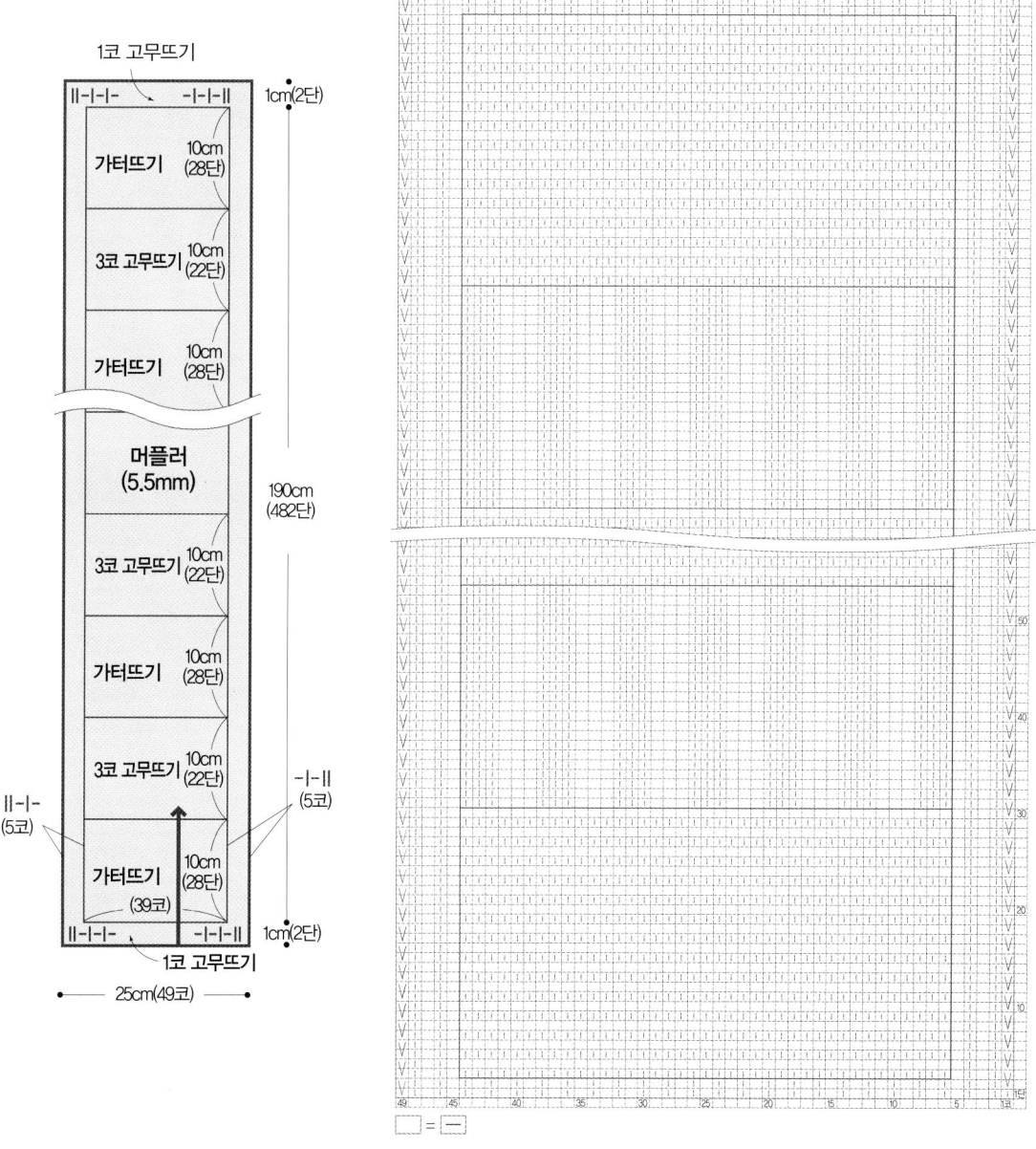

HOW TO MAKE

초콜릿 브라운 목도리

- ❖ **완성 치수**   24cm×200cm

- ❖ **준비물**   실 진브라운 순모 350g
  바늘 6.5mm 대바늘, 7mm 대바늘, 돗바늘

- ❖ **게이지**   12코 16단(10㎠ 1코 2단멍석뜨기)

뜨는 방법

1. 6.5mm 대바늘로 33코를 잡아 1코 고무뜨기 2단을 떠요(보조실을 이용한 1코 고무단 코잡기).
2. 7mm 대바늘로 바꾸어 1코 2단 멍석뜨기 316단을 떠요.
3. 다시 6.5mm 대바늘로 바꾸어 1코 고무뜨기 2단을 뜬 후 돗바늘로 마무리해요.

*무늬뜨기(1코 2단 멍석뜨기)

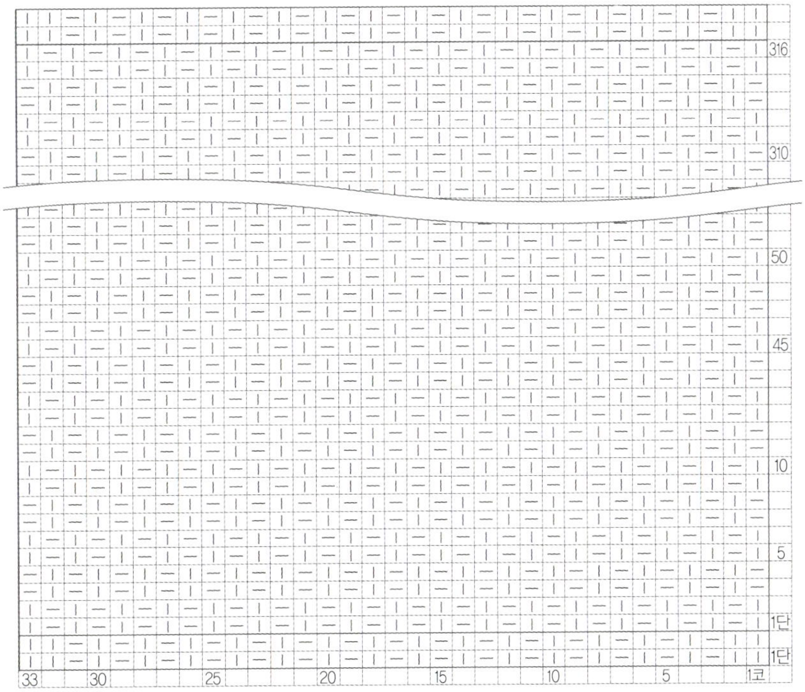

Zoom In · 1코 2단 멍석뜨기로 목도리 만들기

1. **코 잡기** 6.5mm 대바늘로 33코를 잡아 1코 고무뜨기 2단을 떠요. [보조실을 이용한 1코 고무단 코 잡은 모습, 보조실 계산은 (33코+3코)÷2=18코(p. 62 참조)]

2. **멍석뜨기**(1코 2단 멍석) 7mm 대바늘로 바꾸어 무늬뜨기 첫 번째 코를 겉뜨기해요.

3. 실을 앞으로 옮기고 두 번째 코는 안뜨기해요. 겉뜨기, 안뜨기를 번갈아 하는 1코 고무뜨기를 떠요.

4. 뒤로 돌려 다음 단(안면)에서 안뜨기는 안뜨기로, 겉뜨기는 겉뜨기로 그대로 떠 1코 고무뜨기해요.

5. 다시 겉면, 3단째에서 겉뜨기는 안뜨기로 떠요.

6. 안뜨기는 겉뜨기로 반대로 떠요.

7. 즉, 2단마다 반대로 뜨는데, 겉면에서는 겉뜨기를 안뜨기로, 안뜨기를 겉뜨기로 뜨고 안면에서는 겉뜨기는 겉뜨기로, 안뜨기는 안뜨기로 모양 그대로 떠요.

8. 코 마무리 316단까지 뜬 후 돗바늘로 1코 고무뜨기 평뜨기 마무리(p. 72 참조)해요.

HOW TO MAKE

해리포터 목도리

❖ 완성 치수	24cm × 189cm
❖ 준비물	실 네이비 메리노울 150g, 그레이 모헤어 80g 바늘 5.5mm 대바늘, 돗바늘
❖ 게이지	18코 20단(10㎠ 메리야스뜨기)

뜨는 방법

1. 5.5mm 대바늘을 사용하여 네이비색 실로 45코를 잡아 1코 고무뜨기 2단을 떠요(보조실을 이용한 1코 고무단 코잡기).
2. 메리야스뜨기 34단을 더 떠요. 이때 양끝의 5코씩은 1코 고무뜨기로 떠요.
3. 실을 그레이색 모헤어로 바꾸어 34단을 떠요.
4. 2와 3을 반복해 374단까지 떠요.
5. 1코 고무뜨기 2단을 뜬 후 돗바늘로 마무리해요(p. 72 1코 고무뜨기 평뜨기 마무리 참조).

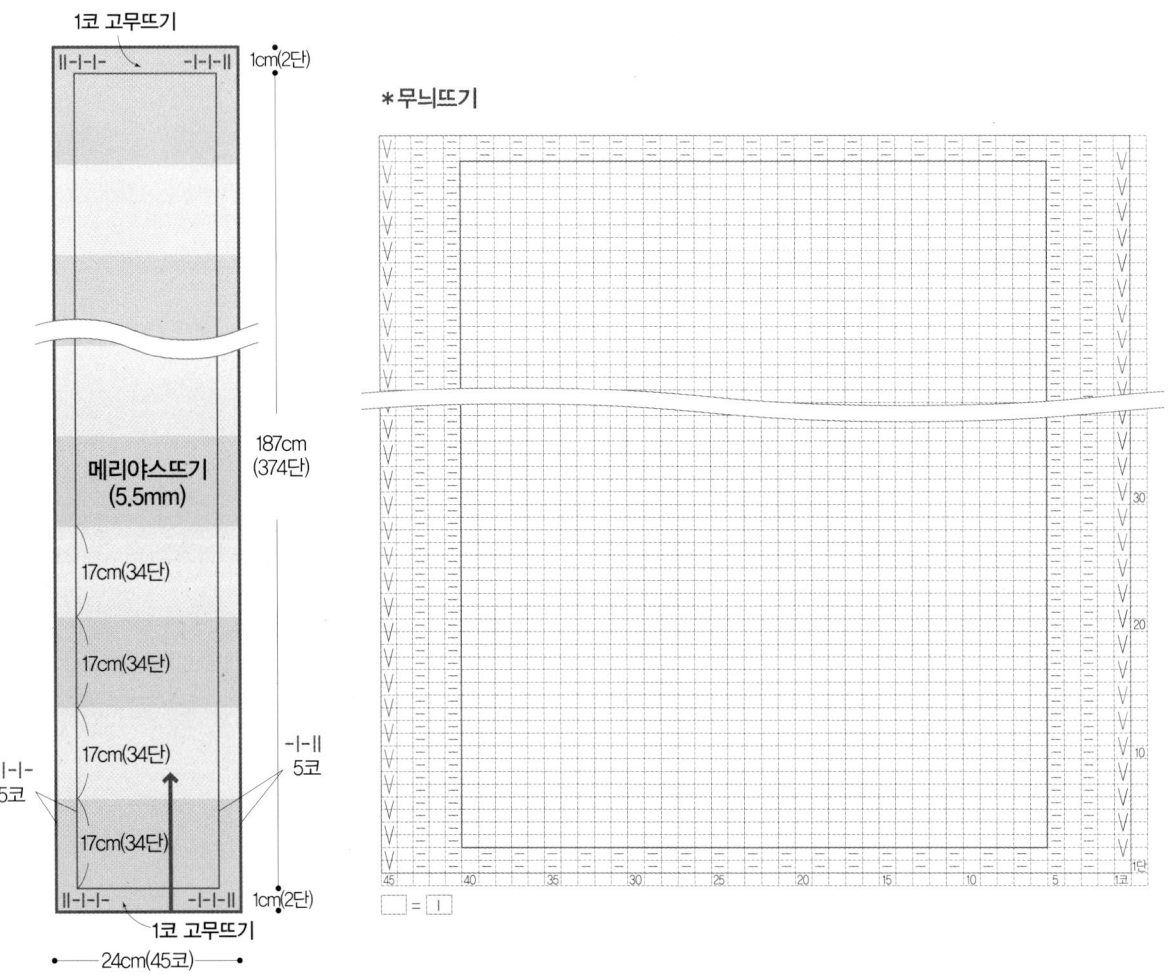

Zoom In 배색으로 목도리 만들기

1. 5.5mm 대바늘을 사용하여 네이비색 실로 45코를 잡아 1코 고무뜨기 2단을 떠요. [보조실을 이용한 1코 고무단 코 잡은 모습. 보조실 계산은 (45코+3코)÷2=24코(p. 62 참조)]

2. 네이비색 실로 34단을 메리야스뜨기해요. 이때 양쪽 끝의 5코는 1코 고무뜨기로 떠요(오른쪽 시작-겉 겉 안 겉 안, 왼쪽 끝-안 겉 안 겉 겉)

3. 회색 실로 바꾸어 떠요. 겉뜨기, 안뜨기를 번갈아 하는 1코 고무뜨기를 떠요.

4. 같은 방법으로 34단을 떠요.

5. 네이비색 실로 바꾸어 34단을 떠요. 34단에 1번씩 배색을 바꾸어 374단까지 떠요.

HOW TO MAKE

굵은 꽈배기 목도리

❖ **완성 치수**	28cm×210cm
❖ **준비물**	**실** 인디핑크 알파카울 400g(실 2겹 사용) **바늘** 6.5mm 대바늘, 7mm 대바늘, 꽈배기 바늘, 돗바늘
❖ **게이지**	16코 19단(10㎠ 무늬뜨기)

뜨는 방법

1. 6.5mm 대바늘로 44코를 잡아 2코 고무뜨기 2단을 떠요(p. 64 보조실을 이용한 2코 고무단 코 잡기 참조).
2. 7mm 대바늘로 바꾸어 무늬뜨기 396단을 떠요.
3. 다시 6.5mm 바늘로 바꾸어 2코 고무뜨기 2단을 더 뜨고 돗바늘 마무리해요(p. 74 2코 고무뜨기 평뜨기 마무리 참조).

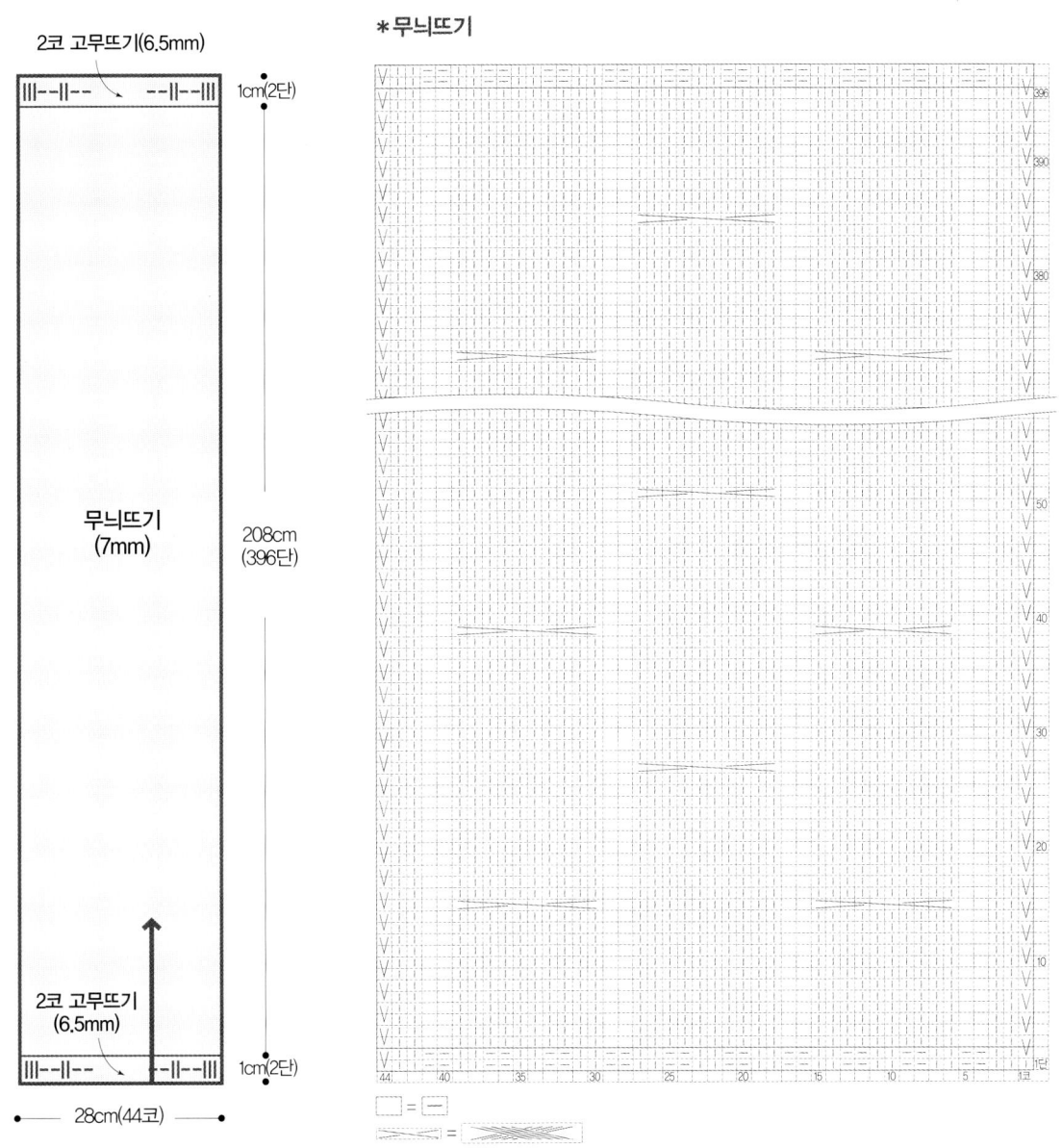

Zoom In 교차뜨기로 꽈배기무늬 만들기

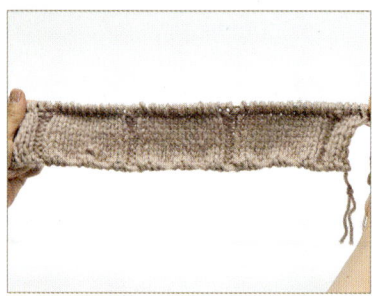

1. **무늬뜨기** 실 2겹을 사용해 7mm 대바늘로 44코 무늬뜨기 12단을 떠요.

2. 교차뜨기할 10코 중 처음 5코를 꽈배기바늘에 옮겨 바늘 앞쪽으로 놓아요.

3. 여섯 번째 코부터 겉뜨기해요.

4. 5코를 순서대로 겉뜨기해요.

5. 꽈배기바늘에 옮겨놓았던 5코를 순서대로 겉뜨기해요.

6. 교차한 모습

7. 교차했던 단에 단코링을 걸어두면 다음 교차뜨기할 단을 찾기가 수월해요.

8. 다음 교차뜨기도 같은 방법으로 떠요.

HOW TO MAKE

나뭇잎무늬 머플러

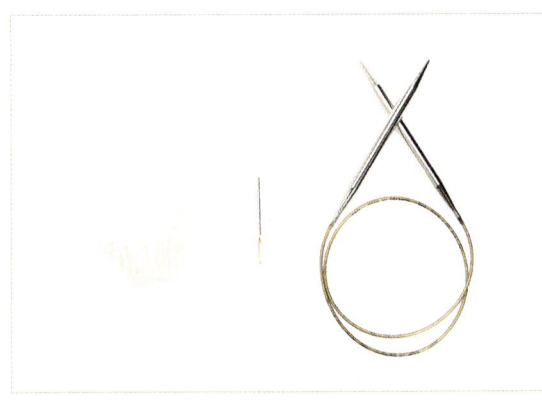

❖ 완성 치수	30cm × 200cm
❖ 준비물	**실** 아이보리색 모헤어사 200g **바늘** 5mm 대바늘
❖ 게이지	18코 22단 (10cm² 무늬뜨기)

{ 뜨는 방법 }

1. 5mm 대바늘로 53코를 잡아 안뜨기 1단을 뜬 후 무늬뜨기 442단을 떠요.
2. 코막음으로 마무리해요(p. 70 참조).

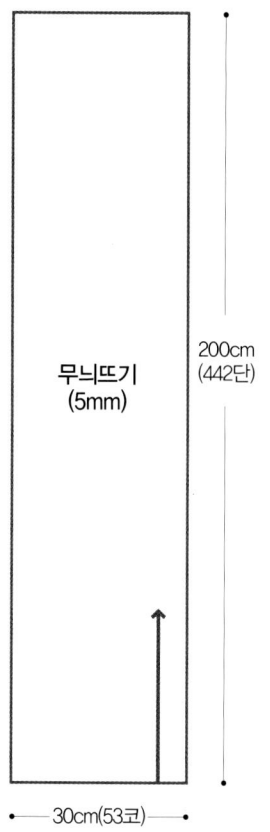

*무늬뜨기

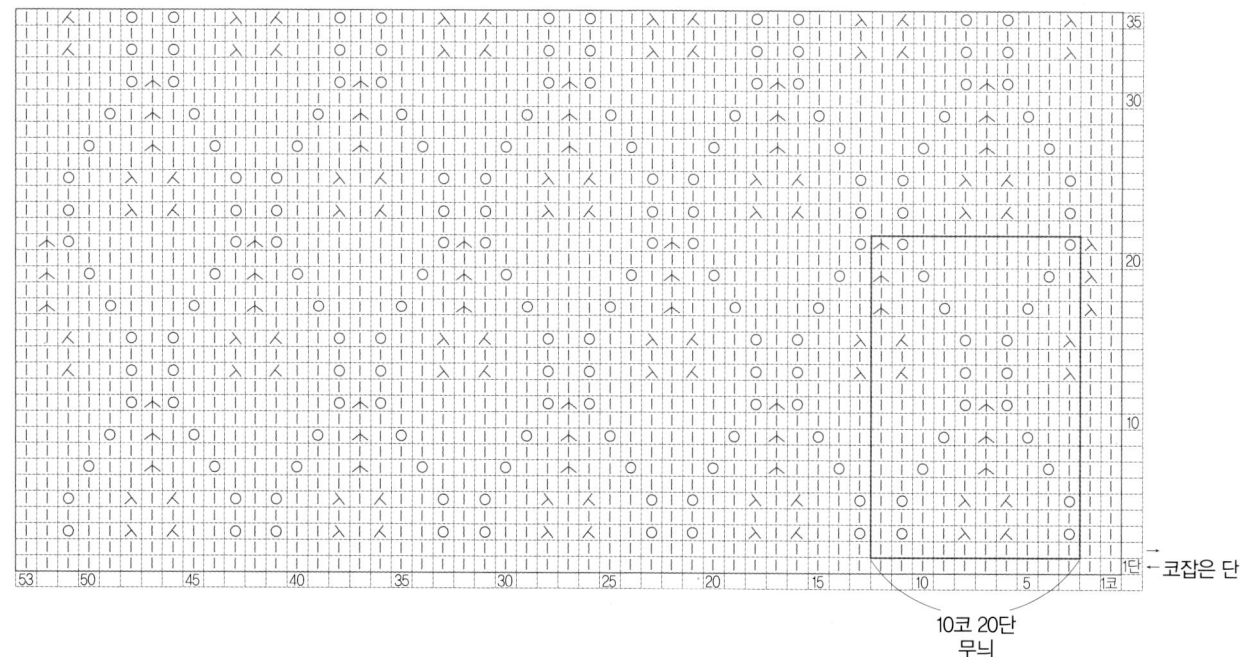

HOW TO MAKE

네이비 넥 워머

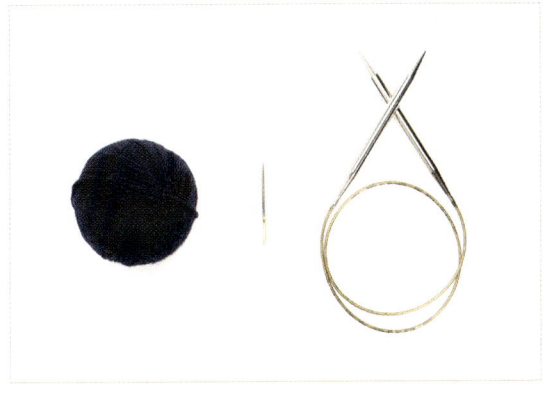

❖ 완성 치수	둘레 82cm, 길이 58cm
❖ 준비물	실 네이비색 순모 200g 바늘 8mm 대바늘, 돗바늘
❖ 게이지	11코 19단(10㎠ 가터뜨기)

뜨는 방법

1. 8mm 대바늘로 46코를 잡아 가터뜨기 112단을 떠요.
2. 코막음으로 마무리해요.
3. 떠놓은 위아래의 ★표끼리 맞대어 끝에 15cm가량만 남기고 돗바늘로 꿰매요.

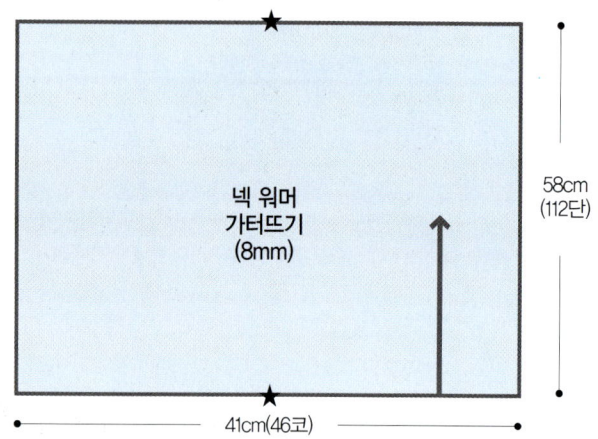

넥 워머 가터뜨기 (8mm)
58cm (112단)
41cm (46코)

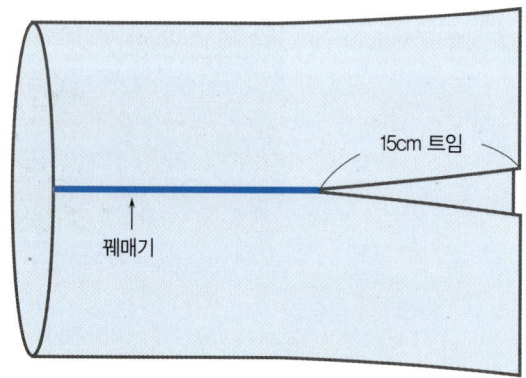

15cm 트임
꿰매기

Zoom In 가터뜨기로 넥 워머 만들기

1. 코 잡기 8mm 대바늘로 46코를 잡아요.

2. 무늬뜨기 첫 코에 바늘을 앞에서 뒤로 찔러넣어 겉뜨기해요.

3. 두 번째, 세 번째코도 겉뜨기해요.

4. 그다음 단도 겉뜨기해요.

5. 앞뒤로 계속 겉뜨기만 해요.

6. 112단까지 겉뜨기만 해요.

7. 마무리 처음 2코를 겉뜨기해요.

8. 오른쪽 바늘에 걸려 있는 첫 번째 코 밑에 바늘을 찔러넣어 뒤집어씌워요. 같은 방법으로 끝까지 반복하여 마무리해요(p. 70 참조).

9. 옆선 꿰매기 끝에 달려 있는 실에 돗바늘을 끼워 반대쪽 맨 끝의 꼭짓점 부분의 한 줄을 걸어 붙여요.

10. 옆선을 맞대어 양쪽 끝의 한 줄씩 걸어와 감침질로 꿰매요.

11. 계속 감침질로 꿰매요.

12. 끝의 15cm가량을 남기고 꿰매요.

HOW TO MAKE

라쿤털 넥 워머

❖ **완성 치수**	둘레 90cm, 길이 30cm
❖ **준비물**	**실** 브라운 나염 혼방울 150g **바늘** 6mm 대바늘, 돗바늘 **기타** 라쿤털 1마
❖ **게이지**	16코 23단(10㎠ 무늬뜨기)

뜨는 방법

1. 6mm 대바늘을 사용하여 보조실(색깔이 다른 별실)로 49코를 잡아요.
2. 브라운 실로 무늬뜨기 208단을 떠요.
3. 떠놓은 위아래의 ★표끼리 맞대어 돗바늘로 이어요.
4. 목 부분의 테두리에 라쿤털을 꿰매요.

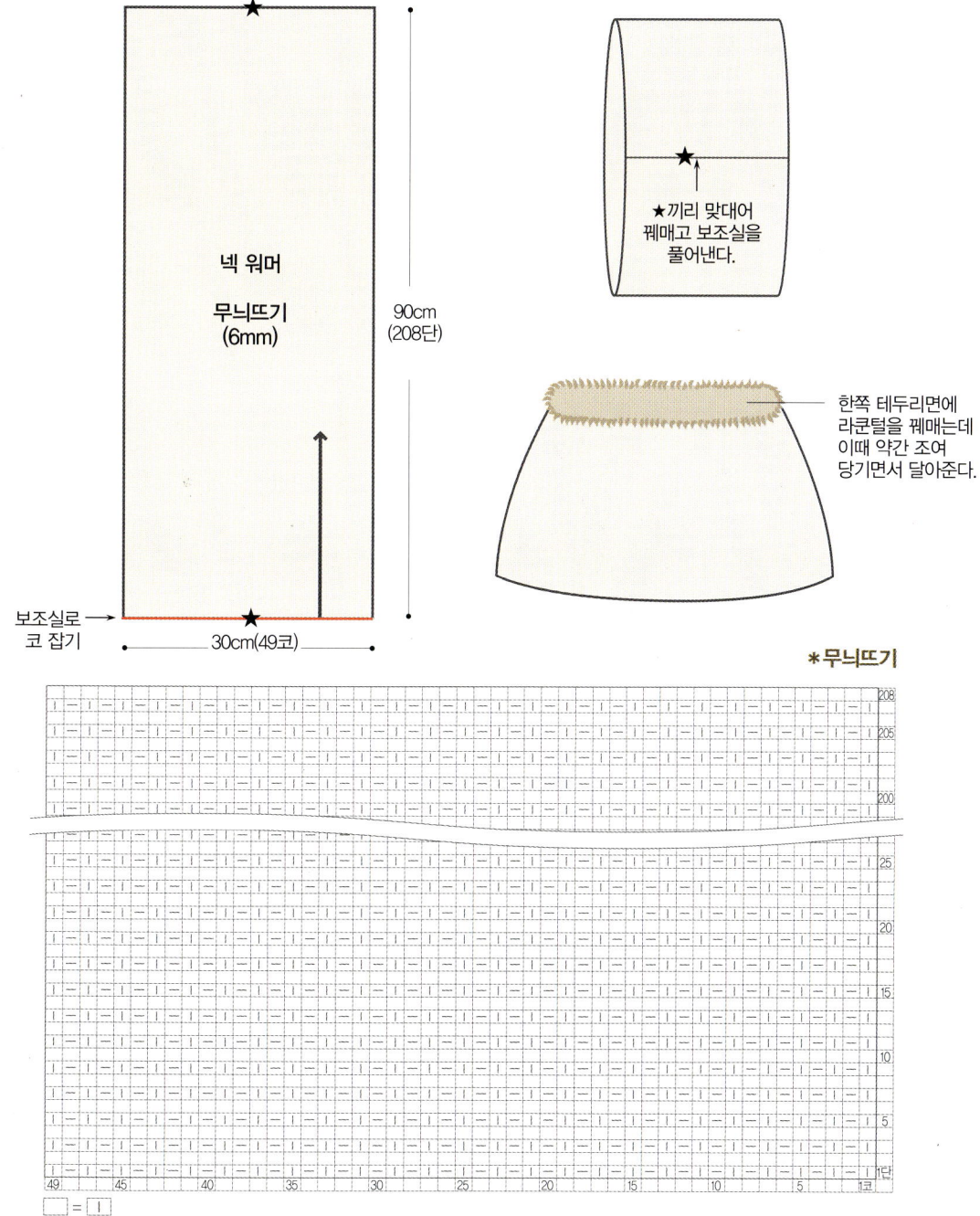

Zoom In ❋ 라쿤털을 부착해 넥 워머 만들기

***1.* 무늬뜨기** 6mm 대바늘을 사용하여 색깔이 다른 별실(빨간색)로 49코를 잡고, 본실로 첫 코를 겉뜨기해요.

2. 실을 앞쪽으로 옮기고 두 번째 코를 안뜨기해요.

3. 다시 실을 뒤로 옮기고 세 번째 코를 겉뜨기해요.

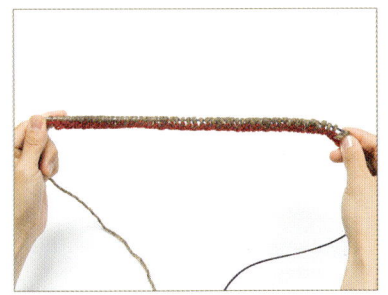

4. 반복해서 1코 고무뜨기해요.

5. 뒤집어 두 번째 단의 첫 코는 안뜨기해요.

6. 계속해서 끝까지 안뜨기해요.

7. 겉면에서는 1코 고무뜨기를, 안면에서는 안뜨기만 뜨기를 반복해요.

8. 208단까지 뜬 다음 실을 80cm가량 남기고 자른 후 돗바늘에 끼워요.

***9.* 옆선 연결하기** 실이 달려 있는 쪽의 첫 코를 뒤에서 앞으로 빼와요.

10. 위쪽 반대편의 첫 번째 1코를 그대로 걸어와요.

11. 아래쪽 첫 번째 코의 반 코를 앞에서 뒤로 빼오고, 두 번째 코를 안뜨기하듯이 빼와요.

12. 위쪽의 또 1코를 걸어와요.

13. 아래쪽 두 번째 코는 앞에서 뒤로 세 번째 코는 겉뜨기하듯이 빼와요.

14. 위쪽의 또 1코를 걸어와요.

15. 아래쪽 세 번째 코는 뒤에서 앞으로 걸어와요.

16. 다음 코는 안뜨기하듯이 빼와요.

17. 위쪽의 또 1코를 걸어와요..

18. 아래쪽 실이 걸려 있는 코는 앞에서 뒤로, 다음 코는 겉뜨기하듯이 빼와요. *14~18* 과정을 반복하여 계속 연결해요. 다 연결한 후 보조실을 풀어내요.

19. **라쿤털 달기** 원통으로 연결된 목 테두리에 라쿤털을 꿰매요. 꿰맬 때 편물을 조금씩 조여가며 꿰매요.

HOW TO MAKE

꽈배기 넥 워머

❖ 완성 치수	둘레 82cm, 길이 22cm
❖ 준비물	**실** 베이지 알파카울 200g
	바늘 8mm 대바늘, 꽈배기바늘, 돗바늘
❖ 게이지	12코 17단(10㎠ 무늬뜨기)

뜨는 방법

1. 8mm 대바늘을 사용해 96코를 잡아요.
2. 무늬뜨기로 48단까지 떠요.
3. 49단째 꽈배기무늬를 뜰 때 1무늬당 2코씩 줄여가며 떠요.
4. 76단까지 더 뜨고 코막음으로 마무리해요.
5. ★ 표끼리 맞대어 감침질로 꿰매고 뒤집어요.

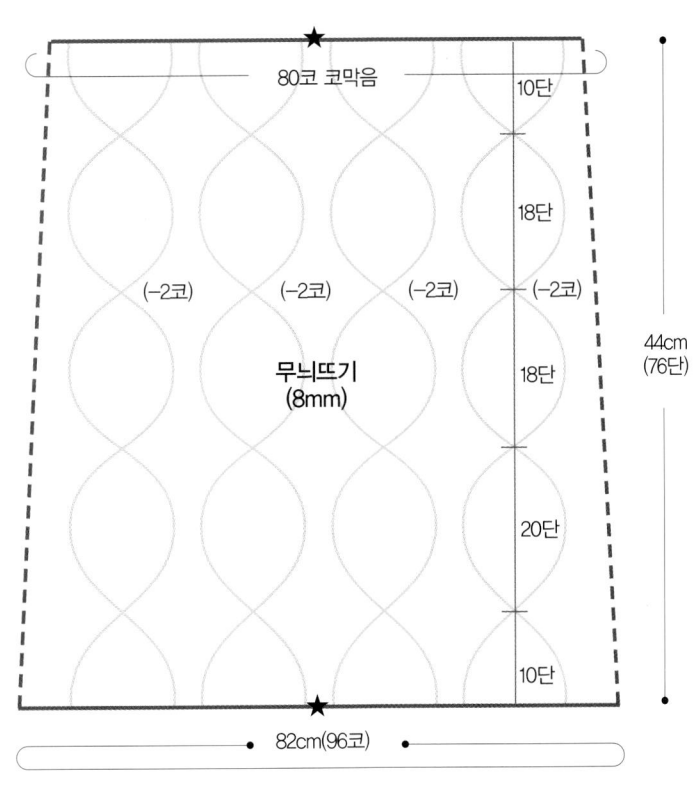

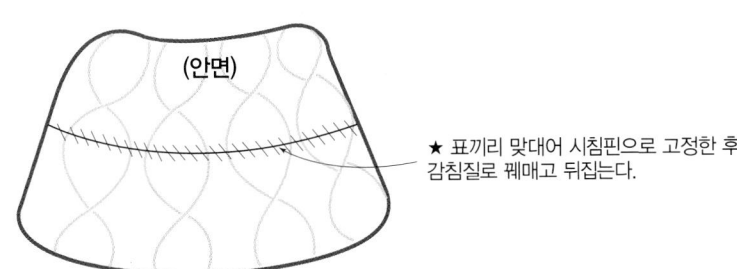

★ 표끼리 맞대어 시침핀으로 고정한 후 감침질로 꿰매고 뒤집는다.

*무늬뜨기

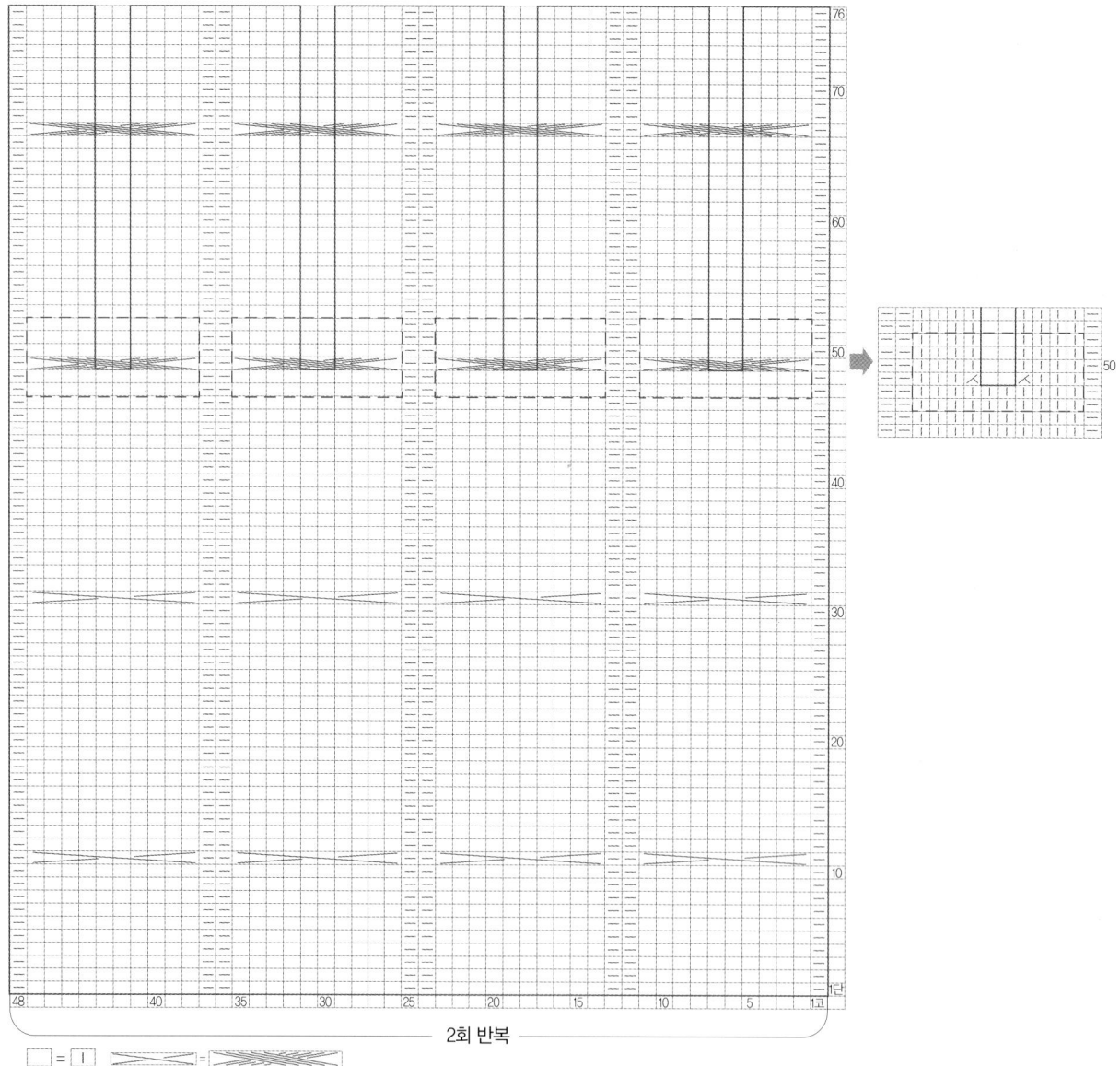

Zoom In 꽈배기무늬로 넥 워머 만들기

1. **49단째 무늬뜨기** 96코를 잡아 원통으로 무늬뜨기 48단까지 뜬 후 49단째 교차뜨기 할 10코 중 앞 5코를 꽈배기바늘에 옮겨요.

2. 다음 6, 7번 코를 한꺼번에 겉뜨기하여 1코를 줄여요.

3. 8, 9, 10번 코를 순서대로 겉뜨기해요.

4. 꽈배기바늘에 옮겨놓았던 1, 2번 코를 한꺼번에 겉뜨기해요.

5. 3, 4, 5번 코를 순서대로 겉뜨기해요.

6. 76단까지 떠요.

7. 코막음해요(p. 70 참조).

8. 원통으로 떠놓은 것을 뒤집어(안면) 위아래 면을 맞대어 감침질하고 뒤집어요.

9. 완성 모습

HOW TO MAKE

롱 넥 워머

❖ **완성 치수**	둘레 130cm, 길이 25cm
❖ **준비물**	**실** 그레이 나염 혼방울 150g(실 2겹 사용) **바늘** 7mm 대바늘, 돗바늘
❖ **게이지**	14코 18단(10㎠ 1코 2단 멍석뜨기)

뜨는 방법

1. 7mm 대바늘을 사용하여 보조실(색깔이 다른 별실)로 36코를 잡아요.
2. 그레이 실로 1코 2단 멍석뜨기 234단을 떠요.
3. 떠놓은 위아래의 ★표끼리 맞대어 돗바늘로 이어요(p. 112 옆선 연결하기 참조).

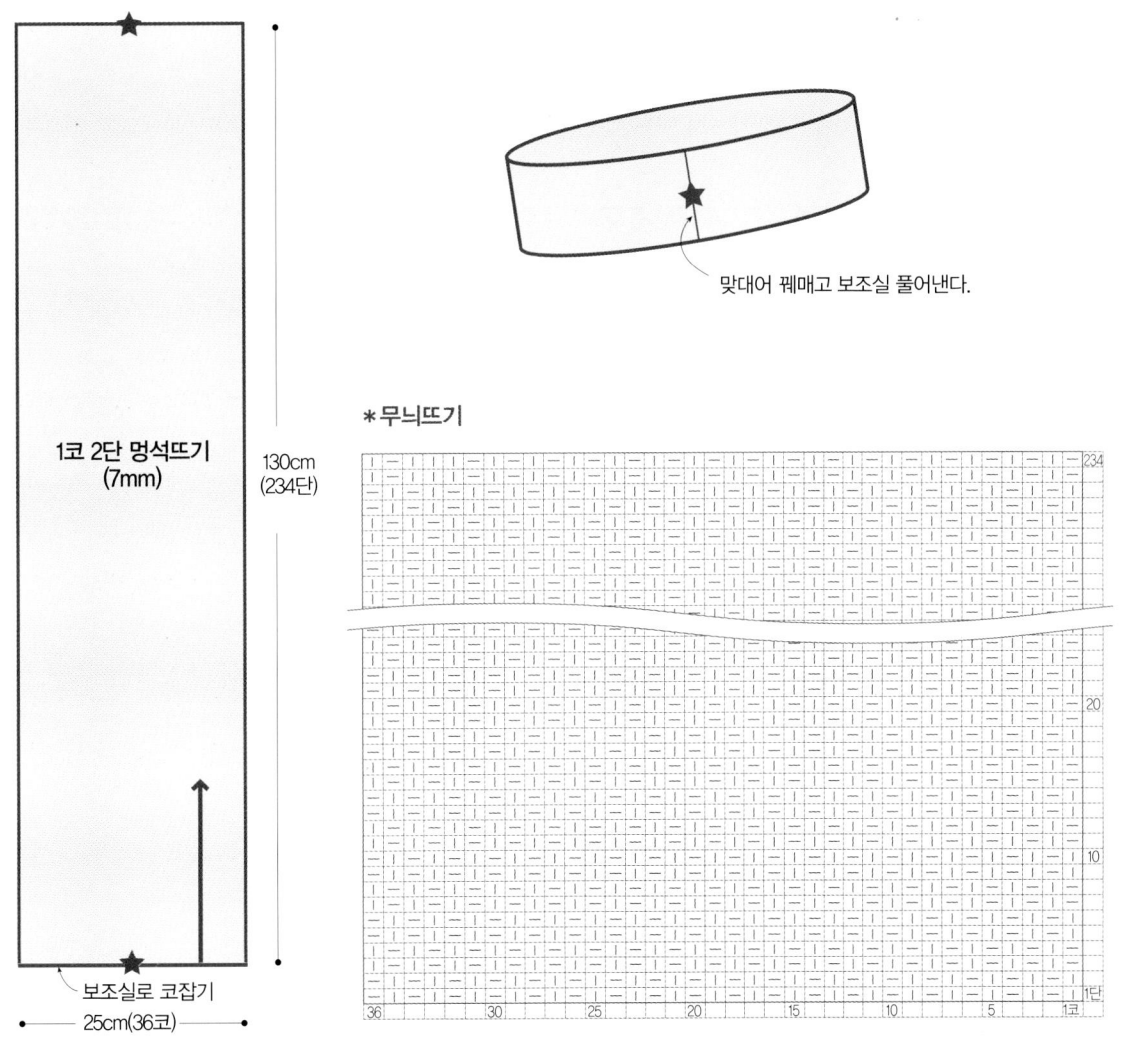

HOW TO MAKE

블랙 후드 넥 워머

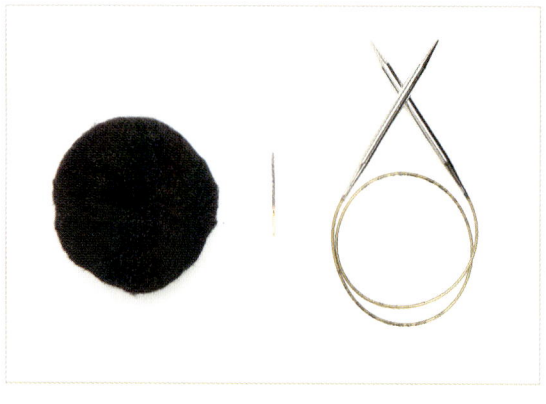

❖ 완성 치수	둘레 95cm, 길이 60cm
❖ 준비물	**실** 블랙 라메 혼방울 300g(실 2겹 사용) **바늘** 6mm 대바늘, 6.5mm 대바늘, 돗바늘 **기타** 지름 2cm 스냅단추 3개
❖ 게이지	14코 19단(10㎠ 1코 고무뜨기)

뜨는 방법

1. 6.5mm 대바늘로 135코를 잡아 1코 고무뜨기 38단을 떠요.
2. 39단째 중간 중간 7군데에서 왼코 중심 3코 모아뜨기(p.32 참조)를 해 14코를 줄여요(① 첫 번째 줄임은 14코, 15코, 16코를 한꺼번에 겉뜨기해요. ②두 번째 줄임은 16코, 17코, 18코를 한꺼번에 겉뜨기해요. ①,②번을 계속 반복하며 줄여요).
3. 그다음 6단 간격마다 10코씩 1번, 4단마다 10코씩 1번, 2단마다 10코씩 3번 줄이고 1단을 더 뜬 후 코막음해요(p. 70 참조).
4. 후드는 71코를 주워 1코 고무뜨기 54단을 더 떠요.
5. 정수리 부분 중앙에서 3코를 중심으로 양쪽에서 1단에 1코씩 1번, 4단에 1코씩 1번, 2단에 1코씩 4번 줄이고 반을 접어 이어요.
6. 6mm 대바늘로 앞섶에서 각각 42코씩, 모자 부분에서 113코를 주워 1코 고무뜨기 8단을 뜨고 돗바늘로 마무리해요(p. 72 1코 고무뜨기 평뜨기 마무리 참조).
7. 안쪽에 스냅단추 3개를 달아요.

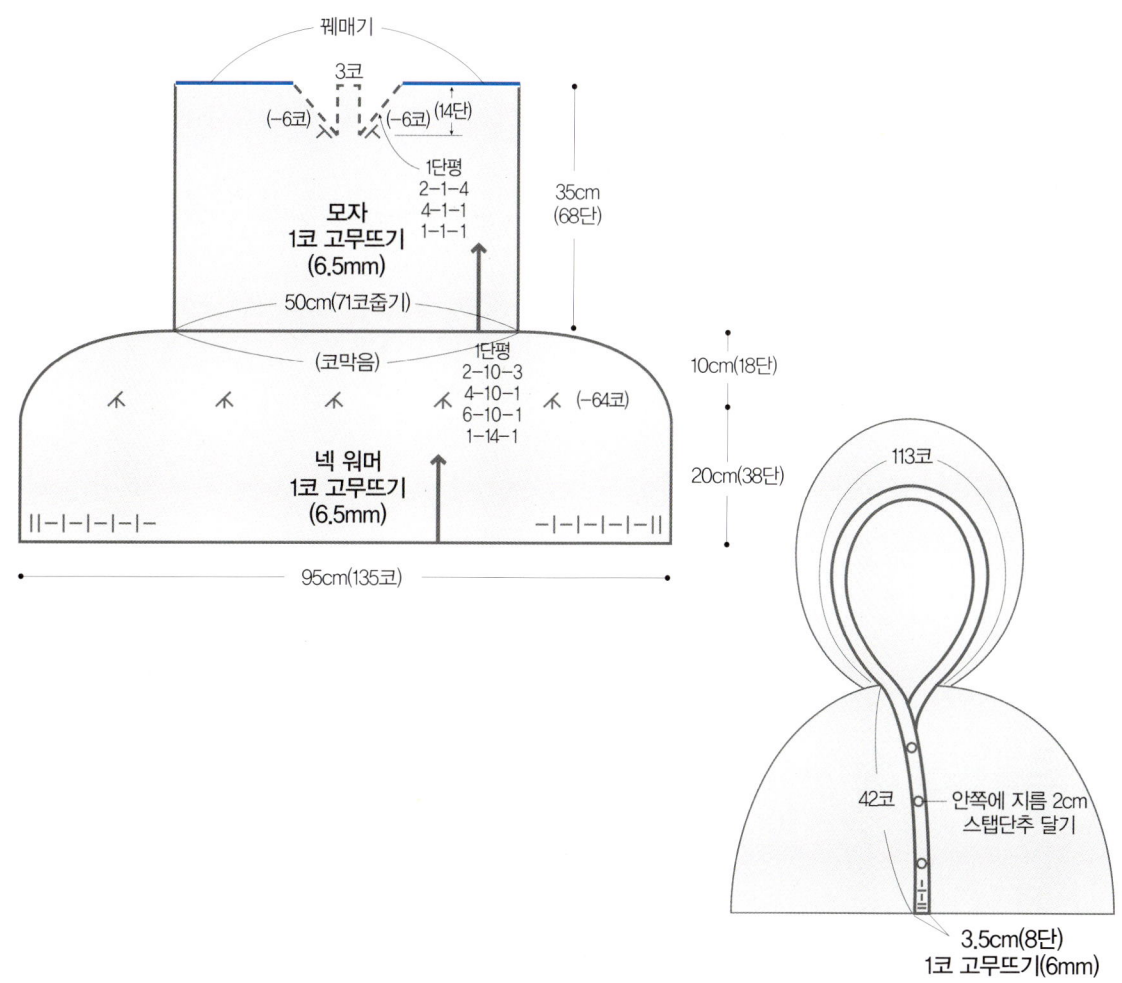

HOW TO MAKE

빨강 방울 모자

❖ **완성 치수**	머리둘레 54cm
❖ **준비물**	**실** 빨강색 메리노울 100g **바늘** 5.5mm 둘레바늘, 6mm 둘레바늘, 돗바늘 **기타** 방울 메이커
❖ **게이지**	19.5코 29단(10㎠ 무늬뜨기)

뜨는 방법

1. 5.5mm 둘레바늘로 106코를 잡아 원통으로 1코 고무뜨기 8단을 떠요.
2. 6mm 둘레바늘로 바꾸어 무늬뜨기 42단을 더 떠요.
3. 그다음 14단에 걸쳐 무늬뜨기 도안처럼 줄임을 해요.
4. 남은 코는 돗바늘에 실을 꿰어 통과시켜 오므려요.
5. 직경 7cm의 방울을 만들어 모자 정수리에 달아 완성해요.

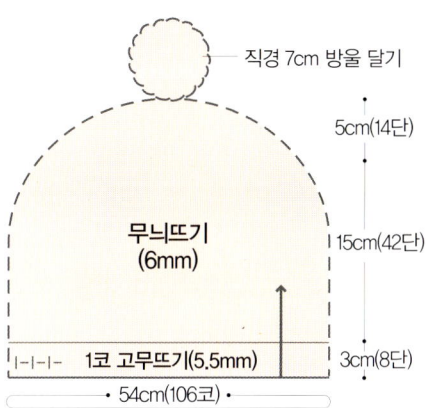

*무늬뜨기

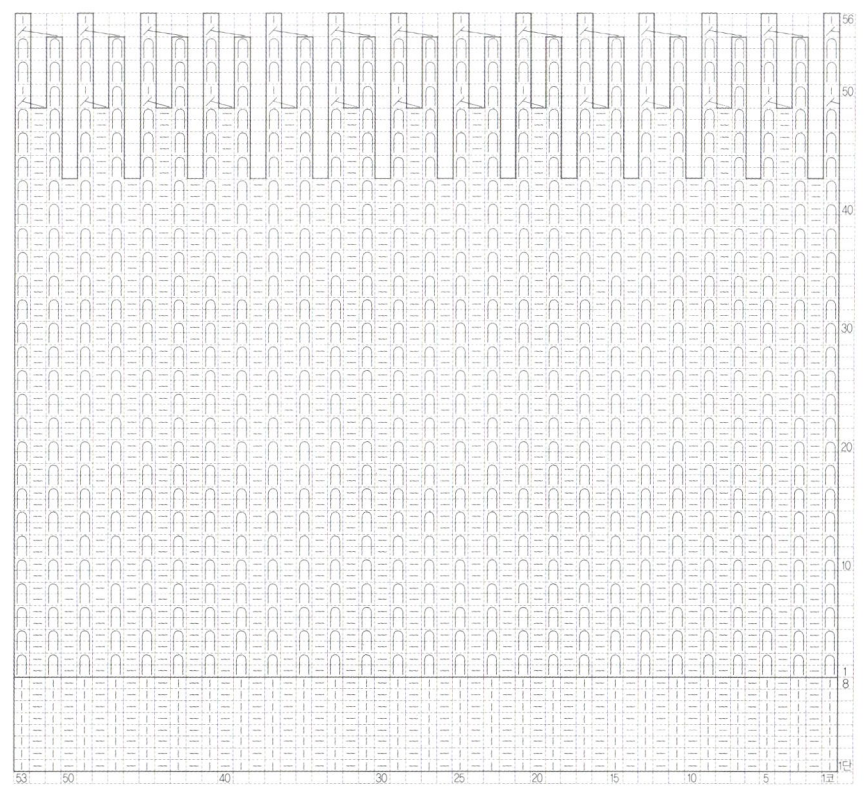

Zoom In 빨강 모자 만들기

1. 5.5mm 둘레바늘로 106코를 잡은 후, 실이 달린 쪽 바늘을 오른손에 잡고 원형으로 떠요. 첫 코는 겉뜨기해요.

2. 실을 앞으로 놓고 다음 코를 안뜨기해요.

3. 겉뜨기 1코, 안뜨기 1코씩 번갈아 가며 1코 고무뜨기로 9단을 떠요.

4. 무늬뜨기(끌어올리기) 9단을 떠놓은 상태에서 6mm 둘레바늘로 바꾸어 첫 코를 겉뜨기할 때 바늘에 걸려 있는 코의 1단 밑에 바늘을 찔러넣어 겉뜨기해요.

5. 실을 앞으로 옮겨요.

6. 두 번째 안뜨기코를 안뜨기해요.

7. 같은 방법으로 겉뜨기코는 1단 밑에 바늘을 찔러넣어 겉뜨기하고 안뜨기는 정상적으로 안뜨기해요. 이렇게 1단은 무늬뜨기를, 1단은 1코 고무뜨기를 떠요.

8. 42단까지 원통으로 떠요(홀수단은 1코 고무뜨기, 짝수단은 끌어올리기 무늬뜨기를 반복해요).

9. 코 줄이기 43단째 1코 고무뜨기로 뜰 때 첫 코는 겉뜨기를 뜨고 다음 안뜨기코와 그 다음 겉뜨기코를 한꺼번에 겉뜨기해요.

10. 실을 앞으로 옮겨 놓고 다음 코를 안뜨기해요.

11. 다음 코는 정상적으로 겉뜨기해요.

12. 다음 2코를 또 한꺼번에 겉뜨기해요. 즉, 안뜨기 1코와 겉뜨기 1코를 한꺼번에 겉뜨기하기, 안뜨기 1코, 겉뜨기 1코 뜨기를 반복하여 1단을 떠요. 무늬뜨기 5단을 더 떠요.

13. 12번에서 줄이지 않았던 안뜨기 1코와 그다음 겉뜨기 1코를 한꺼번에 겉뜨기하여 안뜨기 코를 모두 줄여 없애고 무늬뜨기 5단을 더 뜬 다음, 겉뜨기 2코끼리 한꺼번에 겹쳐뜨기하여 또 코를 줄여요. 1단을 겉뜨기 해요.

14. **마무리** 실을 30cm 정도 남기고 자른 다음 돗바늘에 끼워 남은 코에 통과시켜 잡아당겨요.

15. 실을 통과시킨 방향으로 조금씩 더 통과시켜 완전히 오므려요.

16. 꽉 조여요.

17. 바늘을 정수리에 집어넣어 실을 아래로 빼내요.

18. 직경 7cm 방울을 만들어놓아요. (방울 만들기 p. 78 참조)

19. 방울에 달려 있는 2개의 실가닥을 정수리에서 1cm가량 떨어진 곳 대각선으로 집어넣어 안쪽에서 꽉 묶어 방울을 달아요.

HOW TO MAKE

보라 방울 모자

❖ 완성 치수	머리둘레 55cm
❖ 준비물	**실** 보라색 순모 100g **바늘** 5.5mm 둘레바늘, 6mm 둘레바늘, 돗바늘 **기타** 방울 메이커
❖ 게이지	12코 19단(10㎠ 무늬뜨기)

{ 뜨는 방법 }

1. 5.5mm 둘레바늘로 66코를 잡아 원통으로 1코 고무뜨기 6단을 떠요.
2. 6mm 둘레바늘로 바꾸어 무늬뜨기 30단을 더 떠요.
3. 이어서 10단에 걸쳐 무늬뜨기 도안처럼 줄임을 해요.
4. 남은 코는 실을 꿴 돗바늘을 통과시켜 오므려요.
5. 직경 7cm의 방울을 만들어 모자 정수리에 달아 완성해요.

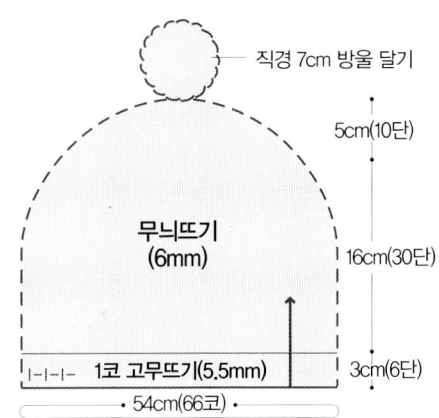

*무늬뜨기

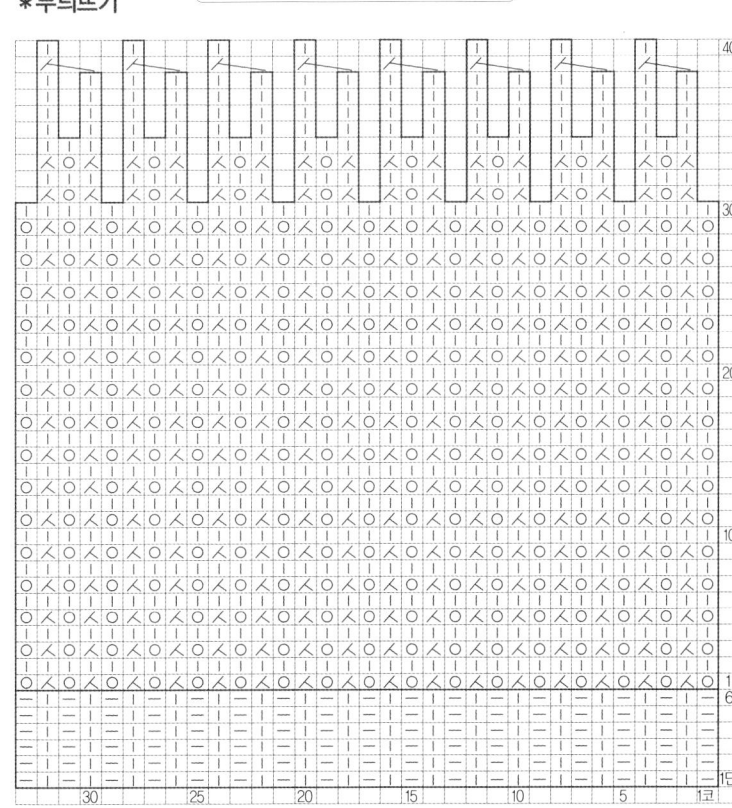

Zoom In 보라 방울 모자 만들기

1. 5.5mm 둘레바늘로 66코를 잡아요.

2. 실이 달려 있는 쪽 바늘을 오른손으로 잡고 원형으로 뜨는데 첫 코에 바늘을 앞에서 뒤로 찔러넣어 겉뜨기해요.

3. 실을 앞으로 놓고 다음 코를 안뜨기해요.

4. 겉뜨기 1코, 안뜨기 1코씩 번갈아가며 1코 고무뜨기로 6단을 떠요.

5. **무늬뜨기** 6mm 둘레바늘로 바꾸어 첫 코는 겉뜨기해요.

6. 첫 코에 단코링을 걸어두어 시작점을 표시해요.

7. 실을 앞으로 옮겨놓고 다음 2코에 한꺼번에 바늘을 찔러넣어요.

8. 실을 감아 겉뜨기해요(이때 바늘 비우기로 구멍이 생기면서 1코가 만들어져요). 다시 실을 앞으로 옮기고 다음 2코는 겹쳐뜨기를 반복해 1단을 떠요.

9. 겉뜨기 1단을 떠요.

10. 7~9번 과정을 반복해요.

11. 무늬뜨기 30단을 떠요(홀수단은 구멍무늬를 내면서 뜨고, 짝수단은 겉뜨기만 뜨기를 번갈아가며 떠요).

12. **코 줄이기** 31단째에서 실을 앞으로 옮기지 않고 2코를 같이 떠요. 다음 코는 실을 앞으로 옮기고 2코를 같이 떠요. 이를 번갈아가며 1단을 떠요.

13. 다음 단은 겉뜨기만 1단을 뜬 후, 무늬뜨기 2단을 더 떠요.

14. 31단째 구멍무늬 냈던 곳에서 실을 앞으로 옮기지 않고 2코 겹쳐뜨기를 떠서 코를 줄여요. 3단을 겉뜨기로 더 뜨고 2코씩 겹쳐뜨기를 반복해 코를 또 줄여요. 1단 겉뜨기를 해요.

15. 마무리 실을 30cm 정도 남기고 자른 다음 돗바늘에 끼워요.

16. 실을 통과시켜 완전히 오므려요.

17. 바늘을 정수리에 집어넣어 실을 아래로 빼내요.

18. 직경 7cm 방울을 만들어(방울 만들기 p. 78 참조), 방울에 달려 있는 2개의 실 가닥을 정수리에서 1cm가량 떨어진 곳 대각선으로 집어넣어 안쪽에서 꽉 묶어 방울을 달아요.

HOW TO MAKE

캔디 방울 모자

❖ 완성 치수	머리둘레 55cm
❖ 준비물	**실** 아이보리 알파카울 100g, 핑크 계열 복합사 50g **바늘** 6.5mm 대바늘, 7mm 대바늘, 돗바늘 **기타** 방울 메이커
❖ 게이지	13.5코 17단(10㎠ 메리야스뜨기)

뜨는 방법

1. 6.5mm 대바늘을 사용하여 아이보리색 실로 74코를 잡아 1코 고무뜨기 8단을 떠요(보조실을 이용한 1코 고무단 코잡기).
2. 7mm 대바늘로 바꾸어 메리야스뜨기 22단을 떠요(아이보리색 4단, 복합사 16단, 아이보리색실 2단).
3. 23단째부터는 전체 코를 8등분하여 각 조각마다 1단에 1코씩 1번, 2단마다 1코씩 5번 줄임을 하고 1단을 증감없이 떠요(양쪽 끝의 조각은 시접코 포함해서 10코씩).
4. 남은 26코는 돗바늘에 실을 꿰어서 이중으로 오므려요. 바늘에 걸려 있는 코에 1코 건너씩 돗바늘을 통과시켜 실을 잡아당기고, 바늘에 남아 있는 코에도 같은 방향으로 돗바늘을 통과시켜 실을 당겨 오므려요.
5. 겉면에서 돗바늘로 옆선을 꿰매요.
6. 직경 7cm의 방울을 만들어 모자 정수리에 달아요.

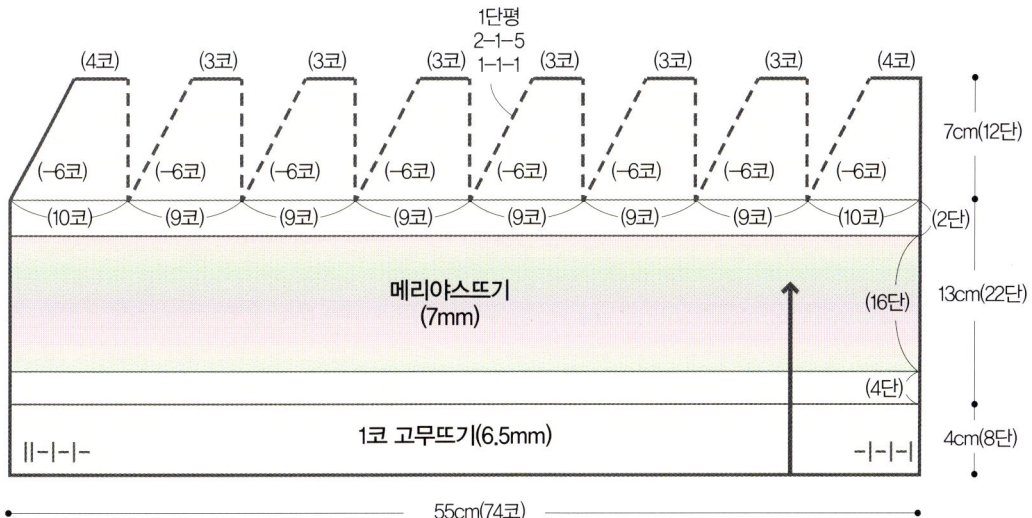

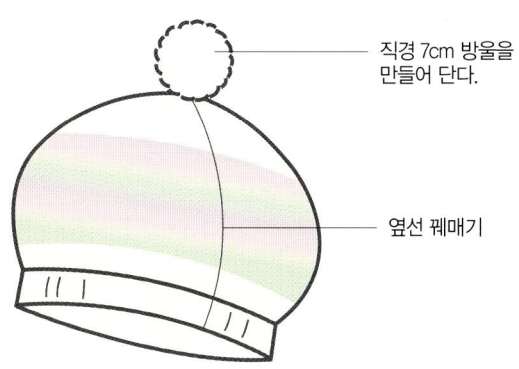

Zoom In 캔디 방울 모자 만들기

1. 코 잡기 6.5mm 대바늘로 74코를 잡아 1코 고무뜨기 8단을 떠요.(보조실을 이용해 1코 고무단 잡은 모습, 보조실 콧수는 (74+2)÷2=38코, p. 62 참조).

2. 7mm 대바늘로 바꾸어 메리야스뜨기 4단을 떠요.

3. 복합사로 실을 바꿀 때 첫 코에 바늘을 찔러넣고 실을 10cm가량 남기긴 후 바늘에 실을 감아 겉뜨기해요. 복합사로 16단을 떠요.

4. 같은 방법으로 다시 실을 아이보리색으로 바꿔요.

5. 아이보리색 실로 2단을 떠요.

6. 코 줄이기 겉뜨기 8코를 떠요.

7. 아홉 번째 열 번째 코를 한꺼번에 겉뜨기 해요.

8. 전체 코를 8등분하여 1조각당 12단에 걸쳐 6코씩 줄임을 해요(10, 9, 9, 9, 9, 9, 9, 10코로 나눠요. 이때 양쪽 2조각은 시접코를 포함하여 10코가 돼요).

9. 실을 30cm가량 남기고 자른 다음 돗바늘에 끼워요.

10. 이중으로 오므리기 남은 코를 이중으로 나누어 통과시키는데 첫 코는 돗바늘에 통과시켜요.

11. 두 번째 코는 바늘에 통과시켜요.

12. 홀수코는 돗바늘에, 짝수코는 바늘에 통과시켜 나눠요.

13. 돗바늘에 통과시킨 실을 잡아당겨요.

14. 바늘에 남아 있는 코에도 같은 방향으로 돗바늘을 통과시켜 실을 잡아당겨 오므려요.

15. **옆선 꿰매기** 끝에 달려 있는 실을 돗바늘에 끼워요.

16. 실이 달려 있지 않은 반대쪽의 1코 안쪽으로 1줄을 걸어와요.

17. 실이 달려 있는 쪽도 1코 안쪽으로 1줄을 걸어와요.

18. 1코 안쪽의 가로줄을 걸어와요.

19. 안뜨기코 모양에서 시접코 겉뜨기코 옆 아래에 볼록 실을 걸어와요 (p. 76 1코 고무뜨기 꿰매기 참조).

20. 메리야스뜨기 부분은 양쪽 모두 1코 안쪽의 가로줄을 지그재그로 걸어 꿰매요 (p. 76 메리야스뜨기 꿰매기 참조).

21. 배색 부분의 경계가 맞도록 줄을 맞춰 꿰매요.

22. 정수리 부분에 통과시켜 놨던 실을 조금씩 떠서 더 잡아당겨 오므려요.

23. 바늘을 정수리에 집어넣어 실을 아래로 빼내요.

24. 직경 7cm 방울을 만들어 (방울 만들기 p. 78 참조), 방울에 달려 있는 2개의 실 가닥을 정수리에서 1cm가량 떨어진 곳 대각선으로 집어넣어 안쪽에서 꽉 묶어 방울을 달아요.

HOW TO MAKE

폼폼 팬시얀 방울 모자

❖ **완성 치수**	머리둘레 56cm
❖ **준비물**	**실** 나염 팬시얀 80g, 회베이지 천연양모 80g **바늘** 6.5mm 대바늘, 7mm 대바늘, 돗바늘 **기타** 방울 메이커
❖ **게이지**	11.5코 17단(10㎠ 안메리야스뜨기)

뜨는 방법

1. 6.5mm 대바늘을 사용하여 회베이지 천연양모실로 66코를 잡아 2코 고무뜨기 14단을 떠요.
2. 7mm 대바늘로 바꾸어 폼폼 팬시얀사로 안메리야스뜨기 24단을 떠요.
   * **안메리야스뜨기란?** 메리야스뜨기처럼 안뜨기 1단, 겉뜨기 1단을 번갈아가며 뜨는 기법. 겉면에서 안뜨기를, 안면에서 겉뜨기를 떠 안뜨기면을 겉으로 사용해요.
3. 25단째부터 전체 콧수를 8조각으로 나누어 각 조각마다 1단에 1코씩 1번, 2단마다 1코씩 5번을 줄이고, 1단을 증감 없이 떠요(양끝의 조각은 시접코를 포함해 9코씩).
4. 남은 18코는 실을 꿴 돗바늘을 통과시켜 오므려요.
5. 겉면에서 돗바늘로 옆선을 꿰매요(p. 76 메리야스뜨기 꿰매기, 2코 고무뜨기 꿰매기 참조.)
6. 직경 7cm의 방울을 만들어 모자 정수리에 달아요(방울 만들기 p. 78 참조).

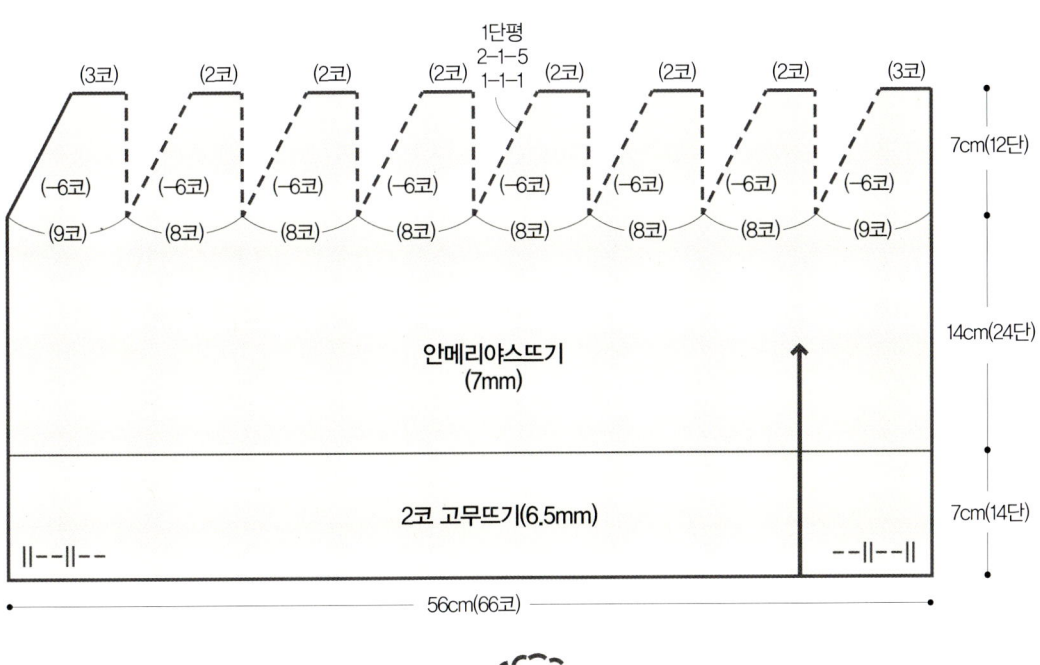

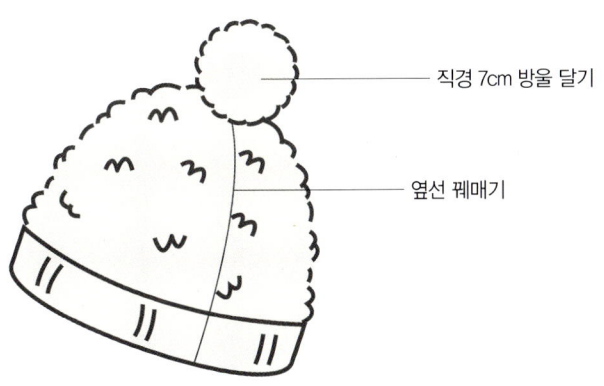

HOW TO MAKE

색동 꽈배기 모자

❖ **완성 치수**	머리둘레 53cm
❖ **준비물**	**실** 청보라색, 진핑크, 회색, 청록색 혼방울 30g씩 **바늘** 4mm 대바늘, 4.5mm 대바늘, 꽈배기바늘, 돗바늘 **기타** 방울 메이커
❖ **게이지**	23코 30단(10㎠ 무늬뜨기)

뜨는 방법

1. 4mm 대바늘을 사용하여 청보라색실로 122코를 잡아 1코 고무뜨기 24단을 떠요.
2. 4.5mm 대바늘로 바꾸어 무늬뜨기 42단을 그림과 같이 배색하며 떠요(진핑크 32단, 회색 16단, 청록색 14단).
3. 이어서 20단에 걸쳐 무늬뜨기 도안처럼 줄임을 해요.
4. 남은 코는 돗바늘에 실을 꿰어 통과시켜 오므려요.
5. 돗바늘을 사용하여 고무단 부분은 안면에서, 무늬뜨기 부분은 겉면에서 꿰매요(p. 76 참조).
6. 청보라색실로 직경 7cm의 방울을 만들어 모자 정수리에 달아요(방울 만들기 p. 78 참조).

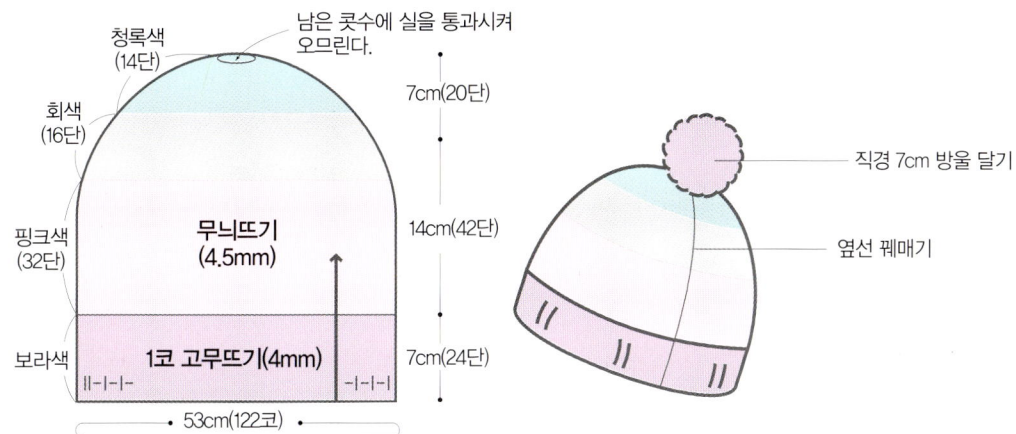

*무늬뜨기

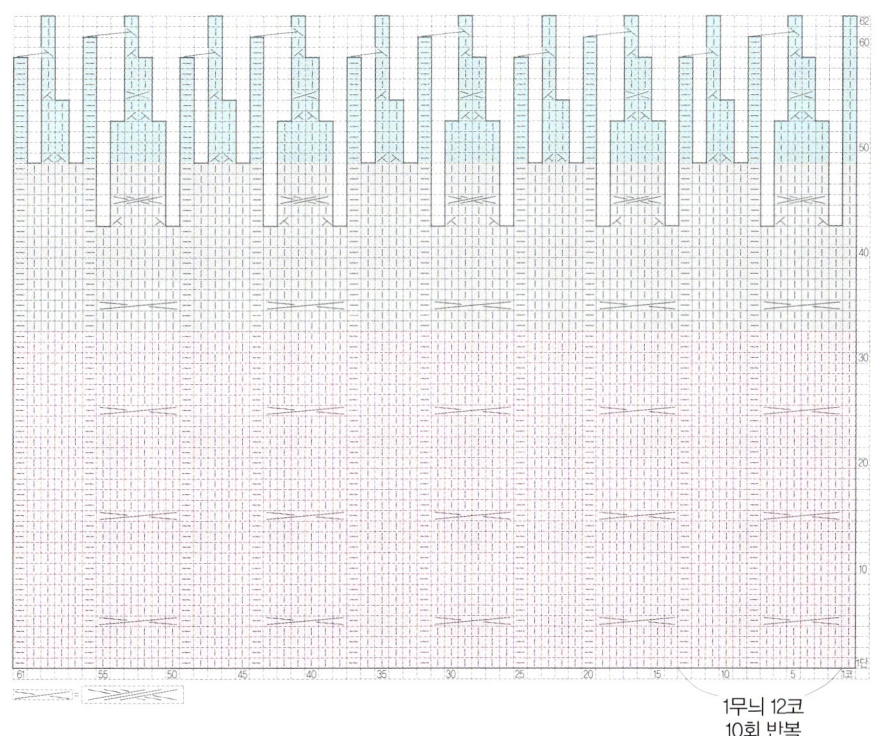

1무늬 12코
10회 반복

HOW TO MAKE

슬라브사 귀마개 모자(여성용)

❖ **완성 치수**	머리둘레 56cm
❖ **준비물**	**실** 연팥죽색 슬라브사 100g **바늘** 5.5mm 대바늘, 5.5mm 둘레바늘, 코바늘 7/0호, 돗바늘 **기타** 방울 메이커
❖ **게이지**	15코 23단(10㎠ 메리야스뜨기)

뜨는 방법

1. 5.5mm 대바늘로 4코를 잡아 메리야스뜨기 104단을 떠 약 45cm길이의 끈을 만들어요. 그 위로 34단을 더 뜨는데 양끝에서 1단째 1코씩 1번, 2단마다 1코씩 3번, 4단마다 1코씩 6번을 늘리고 3단을 증감 없이 떠요(귀마개 부분).
2. 같은 방법으로 1장을 더 떠요.
3. 떠놓은 귀마개 1장을 5.5mm 둘레바늘을 사용해 겉뜨기하고, 감아코 22코를 만들어요. 이어서 나머지 떠놓은 귀마개 1장도 겉뜨기한 후 감아코로 14코를 만들어요.
4. 3의 연결해놓은 것을 원통으로 메리야스뜨기 30단을 떠요.
5. 전체 코를 7등분하여 각 조각마다 1단에 1코씩 1번, 2단마다 1코씩 6번 줄이고 1단을 증감 없이 떠요.
6. 남은 35코는 돗바늘에 실을 꿰어서 이중으로 오므려요. 바늘에 걸려 있는 코에 1코 건너씩 돗바늘을 통과시켜 실을 잡아당기고, 바늘에 남아 있는 코에도 같은 방향으로 돗바늘을 통과시켜 실을 당겨 오므려요.
7. 코바늘 7/0호 사용하여 모자 테두리 부분에 빼뜨기 1단을 떠요.
8. 직경 7cm의 방울을 만들어 모자 정수리에 달아 완성해요(p. 78 참조).

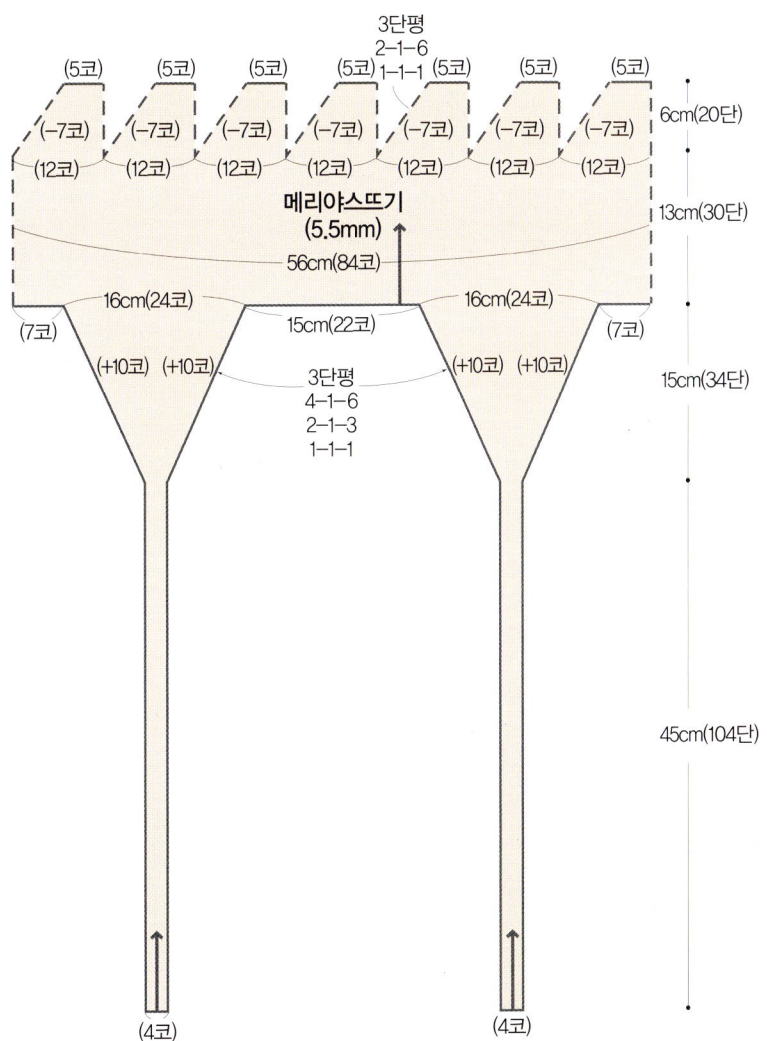

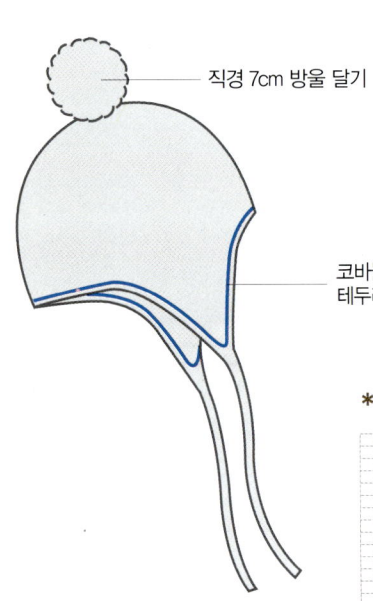

직경 7cm 방울 달기

코바늘 7/0호를 사용해서
테두리 부분에 빼뜨기 1단을 돌린다.

* 무늬뜨기

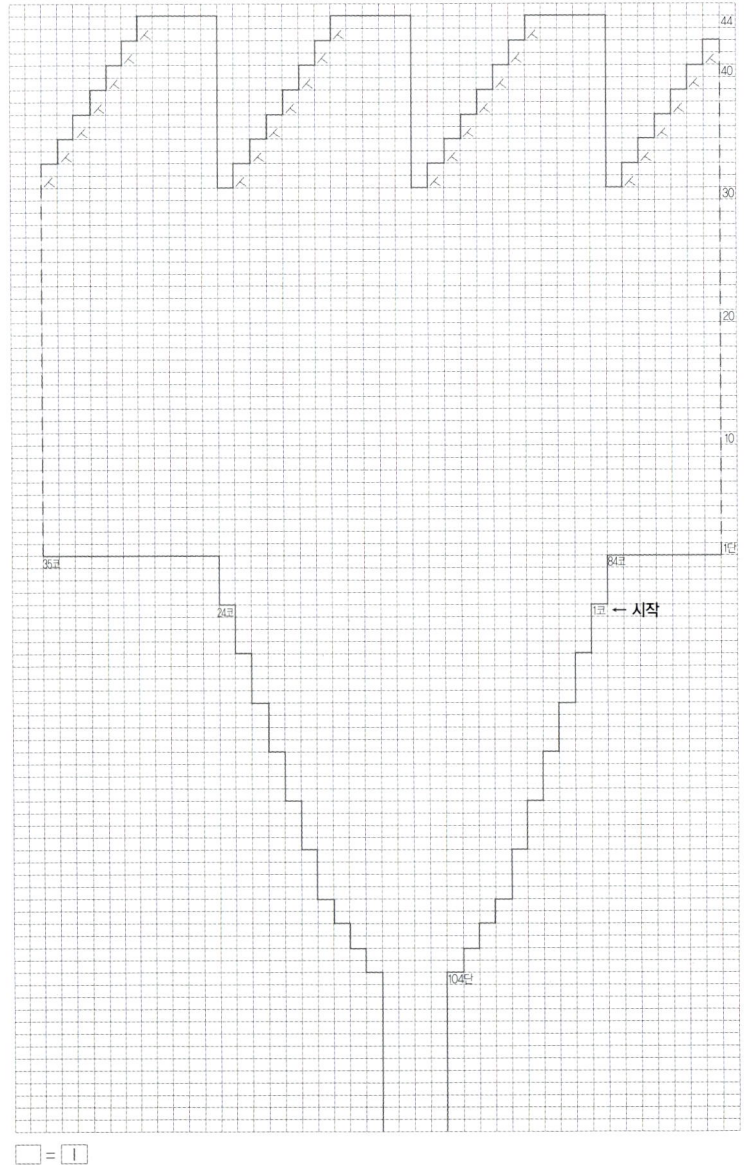

Zoom In 슬리브사 귀마개 모자 만들기

1. 5.5mm 대바늘로 4코를 잡아 메리야스뜨기해요(메리야스뜨기는 겉면에서는 겉뜨기만, 안면에서는 안뜨기만 떠요).

2. 104단까지 떠요.

3. **귀마개 부분 코 늘리기** 첫 코를 겉뜨기해요.

4. 코와 코 사이의 가로줄을 왼쪽 바늘로 뒤에서 앞으로 들어올려요.

5. 들어올린 코를 앞에서 뒤로 바늘을 찔러 넣어 겉뜨기해요.

6. 가운데 2코, 즉 마지막 1코 직전까지 겉뜨기해요.

7. 4번과 같이 코와 코 사이 가로줄을 뒤에서 앞으로 들어올려 겉뜨기해요.

8. 마지막 남은 1코를 겉뜨기해요(1-1-1, 총 6코가 돼요). 양쪽으로 10코씩 늘려가며 34단을 떠요.

9. 같은 방법으로 2장 떠요.

10. **감아코로 코 늘리기**(p. 69 참조) 떠놓은 귀마개 1장을 5.5mm 둘레바늘을 사용해 겉뜨기하고 나서 실을 왼쪽 검지손가락에 걸어요.

11. 대바늘로 검지손가락 앞쪽의 실을 들어올려 바늘에 실이 걸리게 해요.

12. 감아코로 22코를 만들어요.

13. 이어서 나머지 귀마개 1장도 겉뜨기 해요.

14. 다시 감아코로 14코를 만들어요.

15. 실타래가 연결되어 있는 쪽 바늘을 오른손으로 잡고 원통으로 뜰 준비를 해요.

16. 메리야스뜨기 30단을 떠요(원통으로 메리야스뜨기를 할 경우 계속 겉뜨기만 하면 돼요).

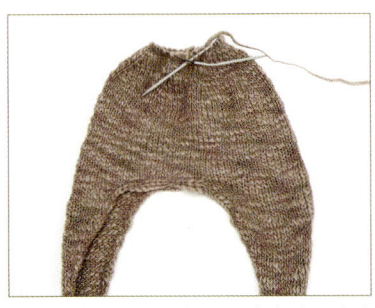

17. 전체 코를 12코씩 7등분하여 각 조각마다 14단에 걸쳐 7코씩 줄임을 해요(예를 들어 1-1-1 줄임은 열한 번째 코와 열두 번째 코를 한꺼번에 겉뜨기하여 줄여요). 남은 코에 실을 꿴 돗바늘을 통과시켜 이중으로 오므려요(p.132 이중으로 오므리기 참조).

18. **빼뜨기 하기** 코바늘 7/0호를 사용하여 시작점에 바늘을 찔러넣어 그 사이로 실을 끌어와요.

19. 0.5cm가량 간격이 떨어진 곳에 코바늘을 찔러넣어 끌어온 실을 코바늘에 걸려 있는 코 사이로 빼와요. 같은 방법으로 모자 테두리 부분에 빼뜨기 1단을 돌려요.

HOW TO MAKE

슬라브사 귀마개 모자 (남성용)

❖ **완성 치수**	머리둘레 60cm
❖ **준비물**	**실** 회색 슬라브사 100g **바늘** 5.5mm 대바늘, 5.5mm 둘레바늘, 코바늘 7/0호, 돗바늘 **기타** 방울 메이커
❖ **게이지**	15코 23단(10㎠ 메리야스뜨기)

뜨는 방법

1. 5.5mm 대바늘로 4코를 잡아 메리야스뜨기 104단을 떠 약 45cm 길이의 끈을 만들어요. 그 위로 38단을 더 뜨는데 양끝에서 1단째 1코씩 1번, 2단마다 1코씩 3번, 4단마다 1코씩 7번 늘리고 3단을 증감 없이 떠요(귀마개 부분).
2. 같은 방법으로 1장을 더 떠요.
3. 떠놓은 귀마개 1장을 5.5mm 둘레바늘을 사용해 겉뜨기하고, 감아코 25를 만들어요. 이어서 나머지 떠놓은 귀마개 1장도 겉뜨기한 후 감아코로 14코를 만들어요.
4. 3의 연결해놓은 것을 원통으로 메리야스뜨기 36단을 떠요.
5. 전체 코를 7등분하여 각 조각마다 1단에 1코씩 1번, 2단마다 1코씩 7번을 줄이고 1단을 증감 없이 떠요.
6. 남은 35코는 돗바늘에 실을 꿰어서 이중으로 오므려요. 바늘에 걸려 있는 코에 1코 건너씩 돗바늘을 통과시켜 실을 잡아당기고, 바늘에 남아 있는 코에도 같은 방향으로 돗바늘을 통과시켜 실을 당겨 오므려요(p. 132 이중으로 오므리기 참조).
7. 코바늘 7/0호 사용하여 모자 테두리 부분에 빼뜨기 1단을 떠요(p. 142 빼뜨기 하기 참조).
8. 직경 7cm의 방울을 만들어 모자 정수리에 달아 완성해요(p. 78 참조).

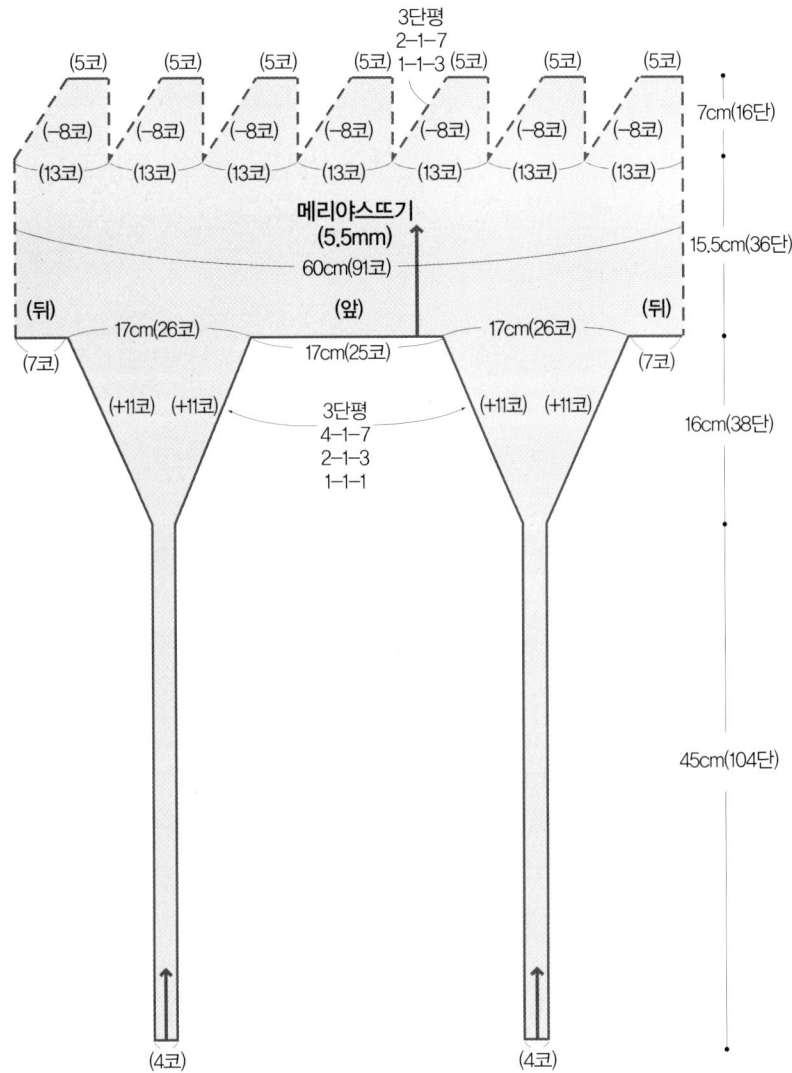

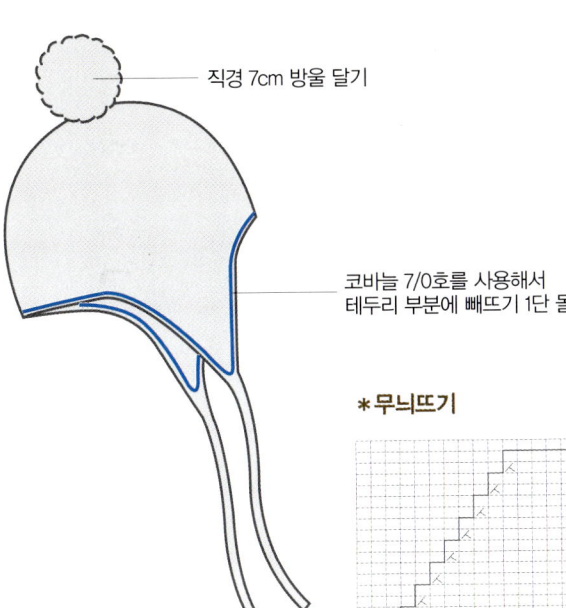

직경 7cm 방울 달기

코바늘 7/0호를 사용해서
테두리 부분에 빼뜨기 1단 돌린다.

* 무늬뜨기

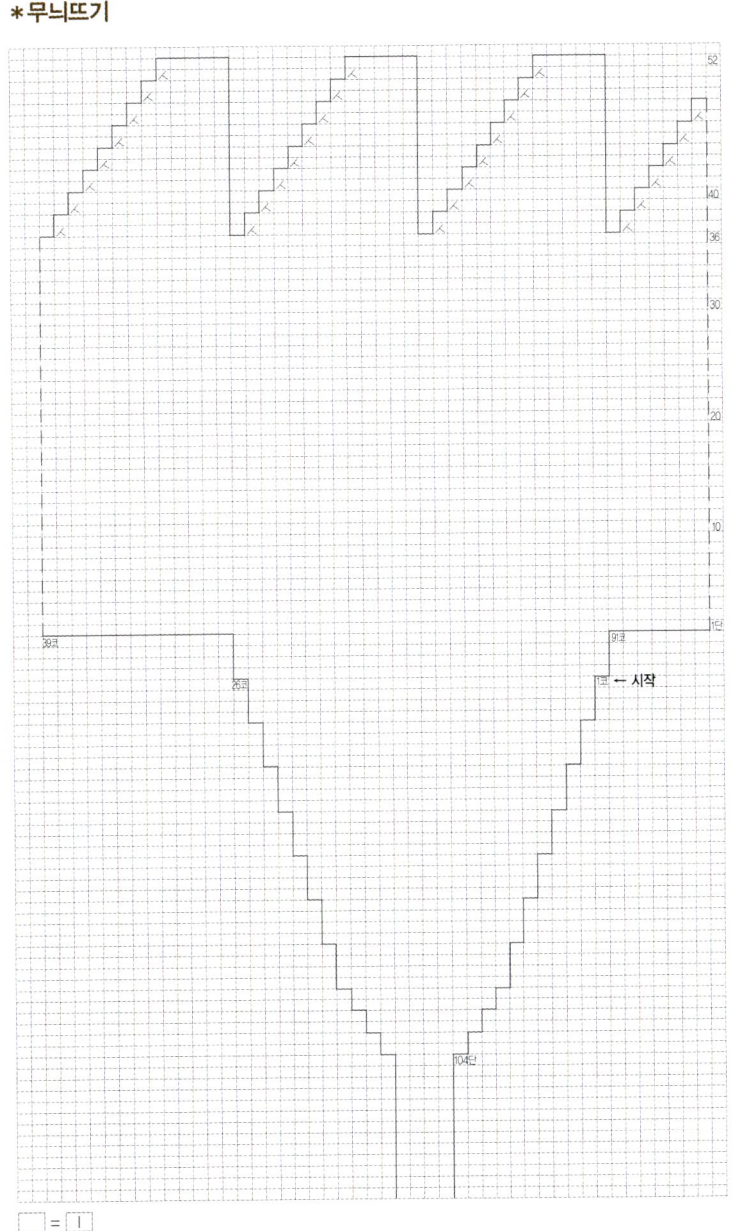

HOW TO MAKE

빈티지 스타일 모자

❖ **완성 치수**	머리둘레 56cm
❖ **준비물**	**실** 카멜 브라운 야크사 100g **바늘** 4mm 대바늘, 4.5mm 둘레바늘, 코바늘 4/0호, 돗바늘 **기타** 방울 메이커
❖ **게이지**	20코 44단(10㎠ 가터뜨기) 20코 33단(10㎠ 메리야스뜨기)

뜨는 방법

1. 4mm 대바늘로 82코를 잡아 가터뜨기 20단을 뜨는데, 양쪽 끝에서 3단째 1코씩 1번, 6단마다 1코씩 2번 늘리고 5단을 증감 없이 떠요.
2. 코바늘 4/0호를 사용하여 사슬뜨기 24코를 뜬 다음 사슬코의 뒷산에서 24코를 주워요.
3. 4.5mm 둘레바늘로 바꾸어 원통으로 40단을 떠요(메리야스뜨기 10단, 가터뜨기 14단 반복).
4. 전체 콧수를 7조각으로 나누어 각 조각마다 1단에 1코씩 1번, 2단마다 1코씩 9번 줄이고 1단을 증감 없이 떠요.
5. 남은 42코는 돗바늘에 실을 꿰어 이중으로 오므려요. 바늘에 걸려 있는 코에 1코 건너씩 돗바늘을 통과시켜 실을 잡아당기고, 바늘에 남아 있는 코에도 같은 방향으로 돗바늘을 통과시켜 실을 당겨 오므려요.
6. 코바늘 4/0호를 사용해 사슬뜨기로 30cm 길이의 끈 2개를 만들어요.
7. 직경 4cm 방울을 2개 만들어 아래와 같은 위치에 달아요.

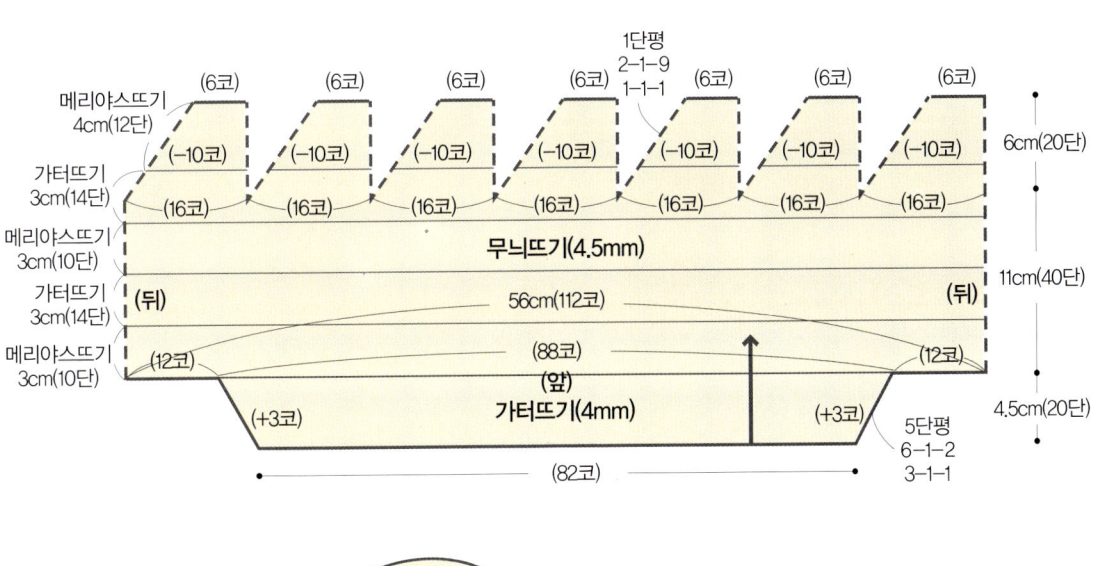

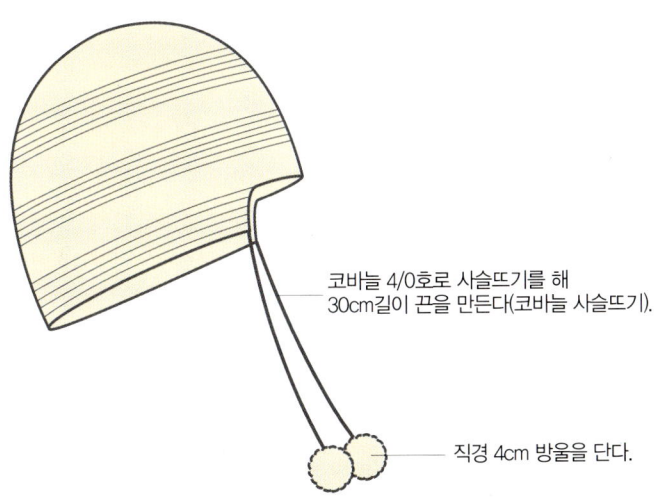

Zoom In 빈티지 스타일 모자 만들기

1. 4mm 대바늘로 82코를 잡아요.

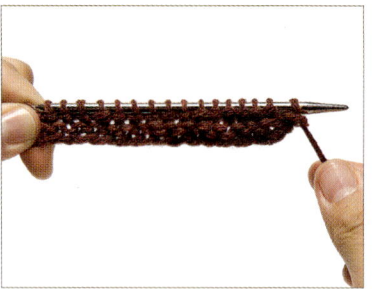

2. 가터뜨기(겉뜨기만 뜨기) 4단을 떠요(코 잡은 단을 포함해서 4단).

3. **코 늘리기** 첫 코를 겉뜨기해요.

4. 그러고 나서 다음 코 바늘 밑의 가로줄을 들어올려요.

5. 실을 감아 겉뜨기하면 1코가 늘어나요.

6. 끝의 2코 직전까지 뜬 다음 같은 방법으로 코를 늘려요.

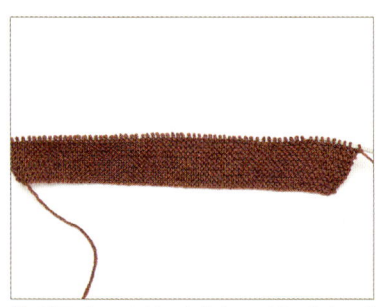

7. 양쪽에 3코씩 늘려가며 20단을 가터뜨기 해요.

8. 코바늘을 사용하여 사슬뜨기코로

9. 24코를 만들어놓아요(코바늘 사슬뜨기 p. 77 참조).

10. 떠놓은 가터뜨기에 걸려 있는 바늘로 사슬뜨기코의 뒷산에 바늘을 찔러넣어

11. 24코를 주워요.

12. 실타래가 달려 있는 쪽 바늘을 오른손에 잡고 원통으로 뜰 준비를 해요.

13. 무늬뜨기 40단을 떠요.

14. 도안대로 코 줄임을 한 다음 남은 코에 실을 통과시켜 오므려요(p. 132 이중으로 오므리기 참조).

15. 직경 4cm 방울 2개 만들어놓고(방울 만들기 p. 78 참조), 코바늘을 사용하여 사슬뜨기로 30cm 길이 끈을 2개 만들어 방울에 달아요. 줄 달린 방울을 모자 끝에 달아요.

HOW TO MAKE

밍크볼 귀마개 모자

❖ 완성 치수	머리둘레 53cm
❖ 준비물	**실** 브라운 야크사 80g **바늘** 4mm 대바늘, 4mm 둘레바늘, 코바늘 5/0호, 돗바늘 **기타** 폼폼 밍크 레이스 2마
❖ 게이지	21코 29단(10㎠ 무늬뜨기)

뜨는 방법

1. 4mm 대바늘로 16코를 잡아 무늬뜨기 16단을 뜨는데 양쪽 끝에서 3단째 1코씩 1번, 2단째 1코씩 6번 늘리고 1단을 증감 없이 떠요(귀마개 부분).
2. 같은 방법으로 1장을 더 떠요.
3. 코바늘 5/0호를 사용하여 사슬뜨기로 34코, 18코 길이의 끈을 만들어놓아요(p. 77 코바늘 사슬뜨기 참조).
4. 4mm 둘레바늘을 사용하여, 떠놓은 귀마개 1장을 먼저 뜨고 사슬뜨기 끈(34코 길이)의 뒷산에서 34코를 주은 후 나머지 귀마개 부분을 떠요. 그다음 다시 사슬뜨기(18코 길이)의 끈, 뒷산에서 18코 주워요.
5. 4의 연결해놓은 것을 원통으로 무늬뜨기 32단을 떠요.
6. 전체 코를 7등분하여 각 조각마다 1단에 1코씩 1번, 2단마다 1코씩 9번을 줄이고 1단을 증감 없이 떠요.
7. 남은 42코는 돗바늘에 실을 꿰어서 이중으로 오므려요. 바늘에 걸려 있는 코에 1코 건너씩 돗바늘을 통과시켜 실을 잡아당기고, 바늘에 남아 있는 코에도 같은 방향으로 돗바늘을 통과시켜 실을 당겨 오므려요(p. 132 이중으로 오므리기 참조).
8. 폼폼 밍크 레이스를 모자 테두리 부분에 투명실로 꿰매 완성해요.

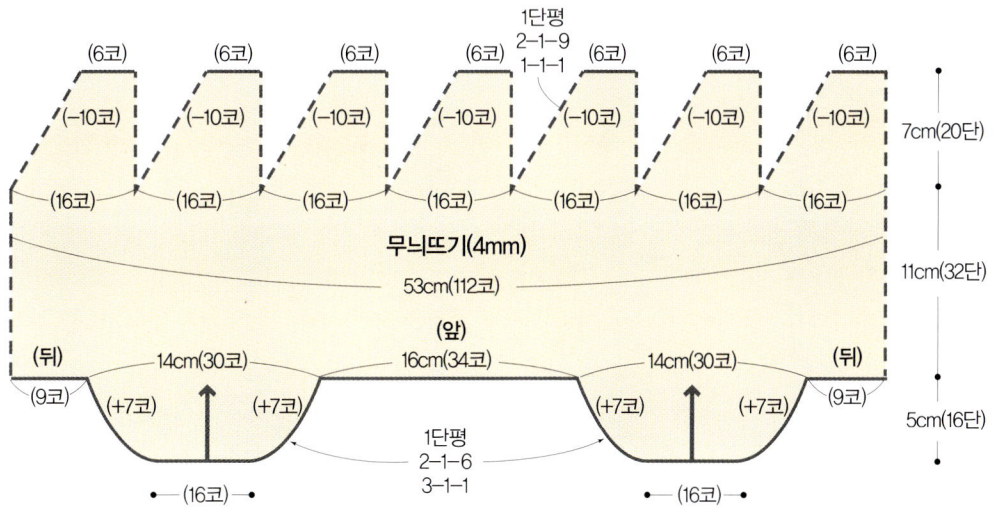

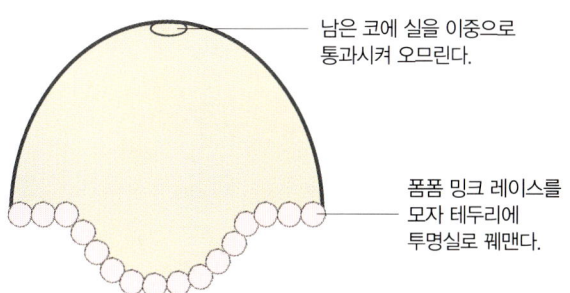

*무늬뜨기

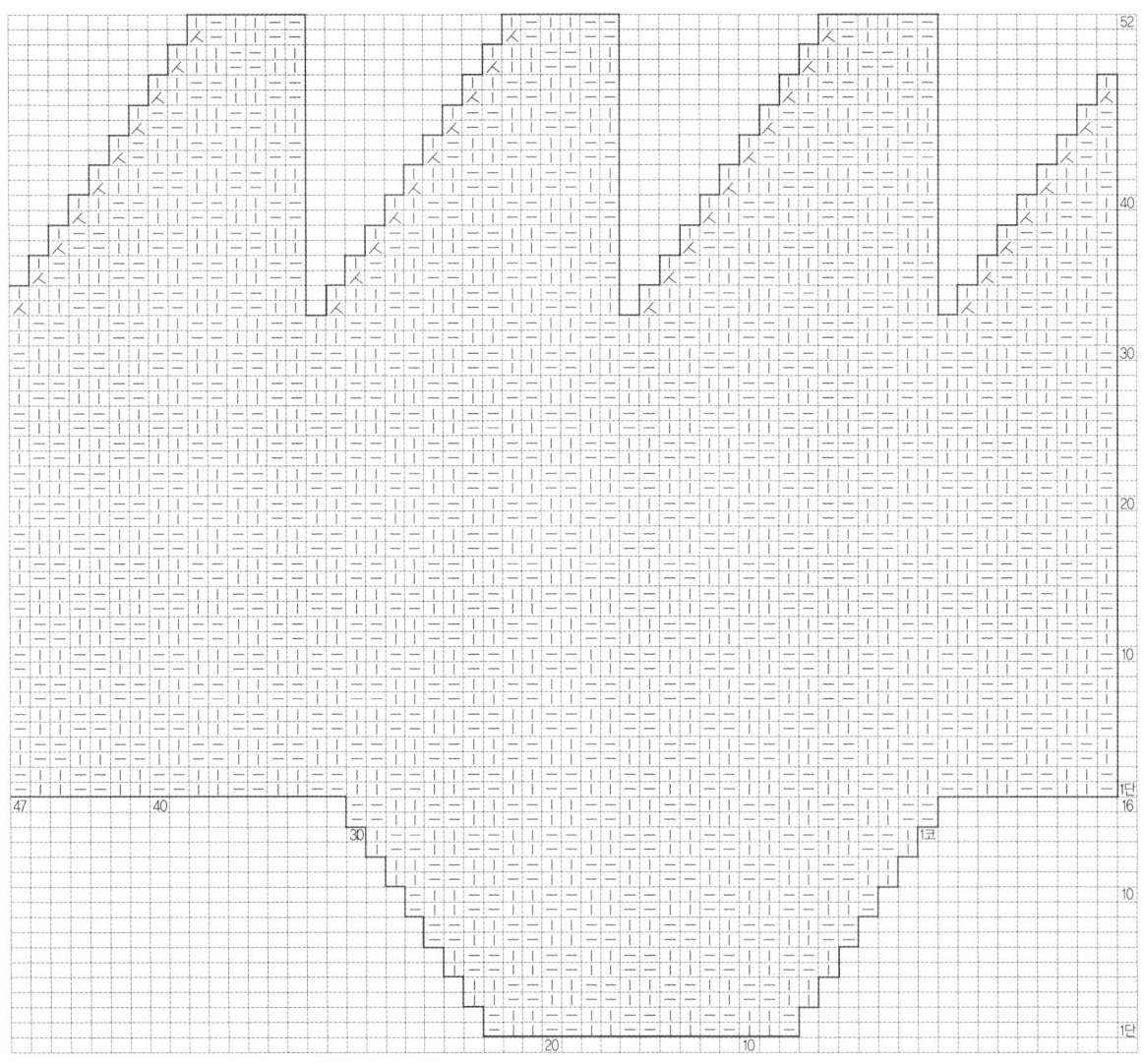

HOW TO MAKE

앙고라 베레모

- **완성 치수** | 머리둘레 56cm
- **준비물** | **실** 비둘기색 앙고라 100g
  바늘 4mm 대바늘, 4.5mm 대바늘, 돗바늘
- **게이지** | 20코 28단(10㎠ 메리야스뜨기)

뜨는 방법

1. 4mm 대바늘로 114코를 잡아 1코 고무뜨기 10단을 떠요.
2. 4.5mm 대바늘로 바꾸고 그림과 같이 각 조각마다(7곳에서) 3단째 1코씩 1번, 2단마다 1코씩 5번 늘리고 1단을 증감 없이 떠요.
3. 12단을 증감 없이 더 떠요.
4. 그다음엔 각 조각마다 1단째 1코를 1번, 2단마다 1코를 12번 줄이고 1단을 증감 없이 떠요.
5. 남은 74코는 돗바늘에 실을 꿰어서 이중으로 오므려요. 바늘에 걸려 있는 코에 1코 건너씩 돗바늘을 통과시켜 실을 잡아당기고, 바늘에 남아 있는 코에도 같은 방향으로 돗바늘을 통과시켜 실을 당겨 오므려요.
6. 겉면에서 돗바늘로 옆선을 꿰매요.

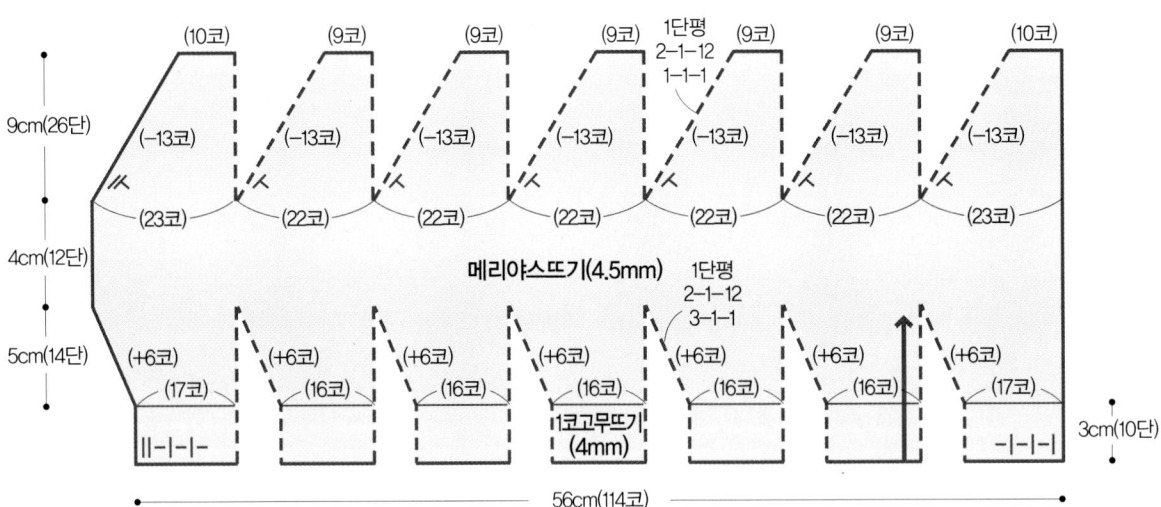

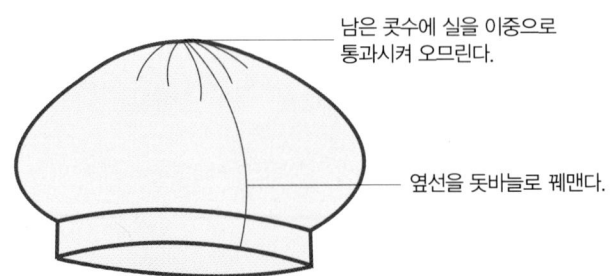

Zoom In 베레모 만들기

1. 4mm 대바늘로 114코를 잡아 1코 고무뜨기 10단을 떠요(보조실을 이용한 1코 고무단 코 잡기 p.62 참조).

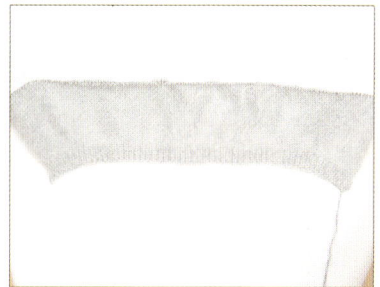

2. 전체 코를 7조각으로 나누어 각 조각에서 6코씩 늘려가며 14단을 뜨고 12단을 증감 없이 더 떠요.

3. 이후 각 조각마다 13코씩 줄임을 하며 26단을 떠요.

4. 남은 코 중 홀수코는 돗바늘에 통과시키고 짝수코는 바늘에 통과시켜 이중으로 코를 나눠요. 홀수코에 통과된 돗바늘에 걸린 실을 잡아당겨요.

5. 바늘에 걸려 있는 나머지 코에도 같은 방향으로 돗바늘을 통과시켜 오므려요.

6. **옆선 꿰매기** 끝에 달려 있는 실에 돗바늘을 끼워 양쪽 모두 1코 안쪽의 가로줄을 1줄씩 지그재그로 걸어와요(p.76 메리야스뜨기 꿰매기, 1코 고무뜨기 꿰매기 참조).

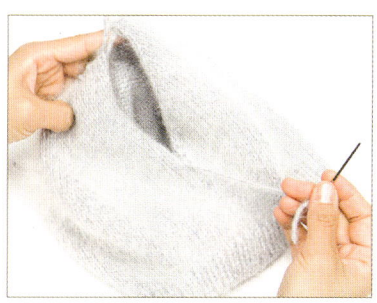

7. 단 높이가 삐뚤어지지 않도록 중간중간 확인해가며 꿰매요.

HOW TO MAKE

심플 비니(남성용)

❖ **완성 치수**	머리둘레 58cm
❖ **준비물**	**실** 블루계열 나염 모사 100g **바늘** 5mm 둘레바늘, 5.5mm 둘레바늘, 돗바늘
❖ **게이지**	16.5코 23단(10㎠ 2코 고무뜨기)

뜨는 방법

1. 5mm 둘레바늘로 96코를 잡아 원통으로 2코 고무뜨기 14단을 떠요.
2. 5.5mm 둘레바늘로 바꾸어 32단을 더 떠요.
3. 이어서 14단에 걸쳐 무늬뜨기 도안처럼 줄임을 해요.
4. 남은 코는 실을 꿴 돗바늘을 통과시켜 이중으로 오므려요.

＊무늬뜨기

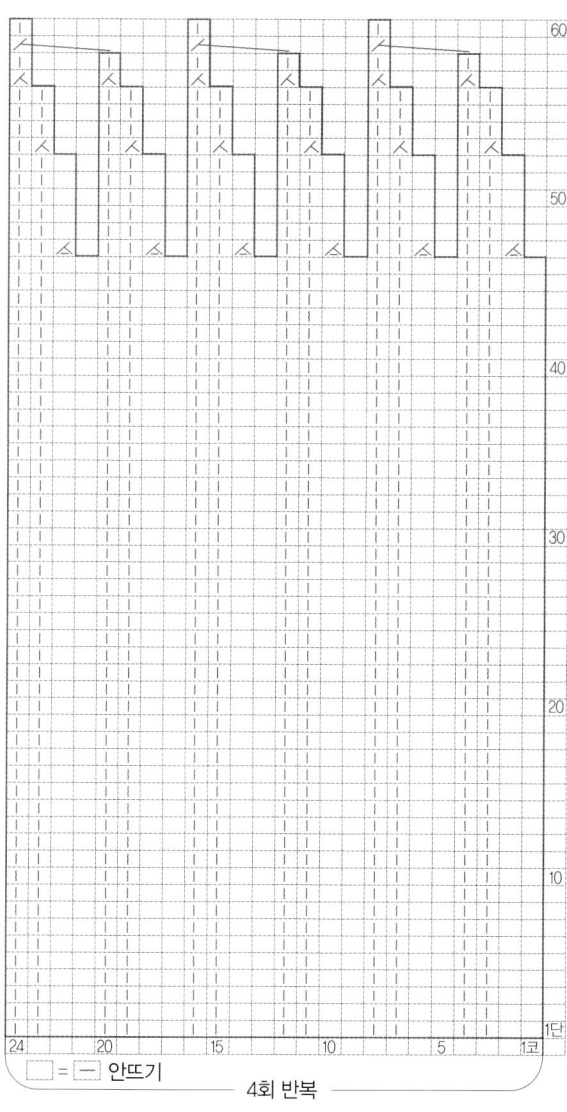

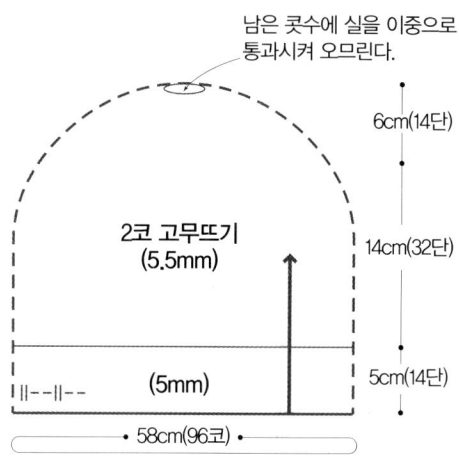

Zoom In · 2코 고무뜨기로 모자 만들기

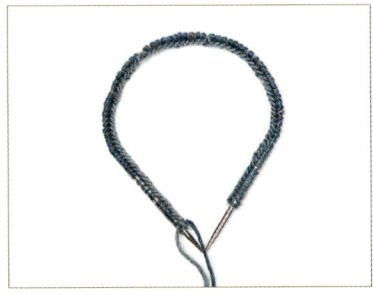

1. 5mm 둘레바늘로 96코를 잡아요.

2. 실타래가 달려 있는 쪽 바늘을 오른손에 잡고 원통으로 뜰 준비를 해요.

3. 첫 코에 바늘을 앞에서 뒤로 찔러넣고 실을 감아 겉뜨기해요.

4. 다음 코도 겉뜨기해요.

5. 실을 앞으로 옮기고 세번째와 네번째 코를 안뜨기해요.

6. 3~5번을 반복하여 2코 고무뜨기를 14단 뜨고 5.5mm 바늘로 바꾸어 32단을 더 떠요.

7. 코줄이기 47단째를 뜰 때 겉뜨기 2코는 그대로 뜨고, 안뜨기 2코는 한꺼번에 안뜨기 떠서 코를 줄여가며 1단을 떠요. 모양대로 5단을 더 떠요.

8. 안뜨기 1코와 다음 겉뜨기 1코를 한꺼번에 겉뜨기하여 안뜨기코를 모두 줄이며 1단을 떠요.

9. 그 이후로 3단을 겉뜨기만 뜨고, 겉뜨기 2코씩을 겹쳐뜨기로 떠 코를 줄여요. 도안과 같이 계속 코를 줄여가며 60단까지 떠요.

10. 남은 코에 실을 통과시켜 오므려요(p. 132 이중으로 오므리기 참조).

HOW TO MAKE

스트라이프 귀마개 모자(남성용)

❖ **완성 치수**	머리둘레 60cm
❖ **준비물**	**실** 군청색 알파카울 60g, 연회색 순모 30g **바늘** 4.5mm 대바늘, 4mm 둘레바늘, 4.5mm 둘레바늘, 돗바늘
❖ **게이지**	20코 28단(10㎠ 메리야스뜨기)

뜨는 방법

1. 4.5mm 대바늘로 18코를 잡아 메리야스뜨기 12단을 뜨는데 양끝에서 3단째 1코씩 1번, 2단째 1코씩 4번 늘리고 1단을 증감 없이 떠요(귀마개 부분).
2. 같은 방법으로 1장을 더 떠요.
3. 4.5mm 둘레바늘을 사용해 귀마개 1장을 뜨고 감아코로 35코를 만들어요. 이어서 나머지 귀마개 1장도 뜬 후 감아코로 28코를 만들어요(p. 141 감아코로 코 늘리기 참조).
4. 3의 연결해놓은 것을 메리야스뜨기 40단을 배색하며 원통으로 떠요(군청색4단, 회색 4단, 군청색4단, 회색 4단).
5. 전체 코를 7등분하여 각 조각마다 1단에 1코씩 1번, 2단마다 1코씩 9번 줄이고 1단을 증감 없이 떠요.
6. 남은 49코는 돗바늘에 실을 꿰어서 이중으로 오므려요. 바늘에 걸려 있는 코에 1코 건너씩 돗바늘을 통과시켜 실을 잡아당기고, 바늘에 남아 있는 코에도 같은 방향으로 돗바늘을 통과시켜 실을 당겨 오므려요(p. 132 이중으로 오므리기 참조).
7. 4mm 둘레바늘을 사용하여 앞머리 부분에서 34코, 귀마개 부분에서 47코씩, 뒷머리 부분에서 28코를 주워 원통으로 1코 고무뜨기 10단을 뜨고 돗바늘 마무리해요(1코 고무뜨기 원통뜨기 마무리 p. 72 참조).

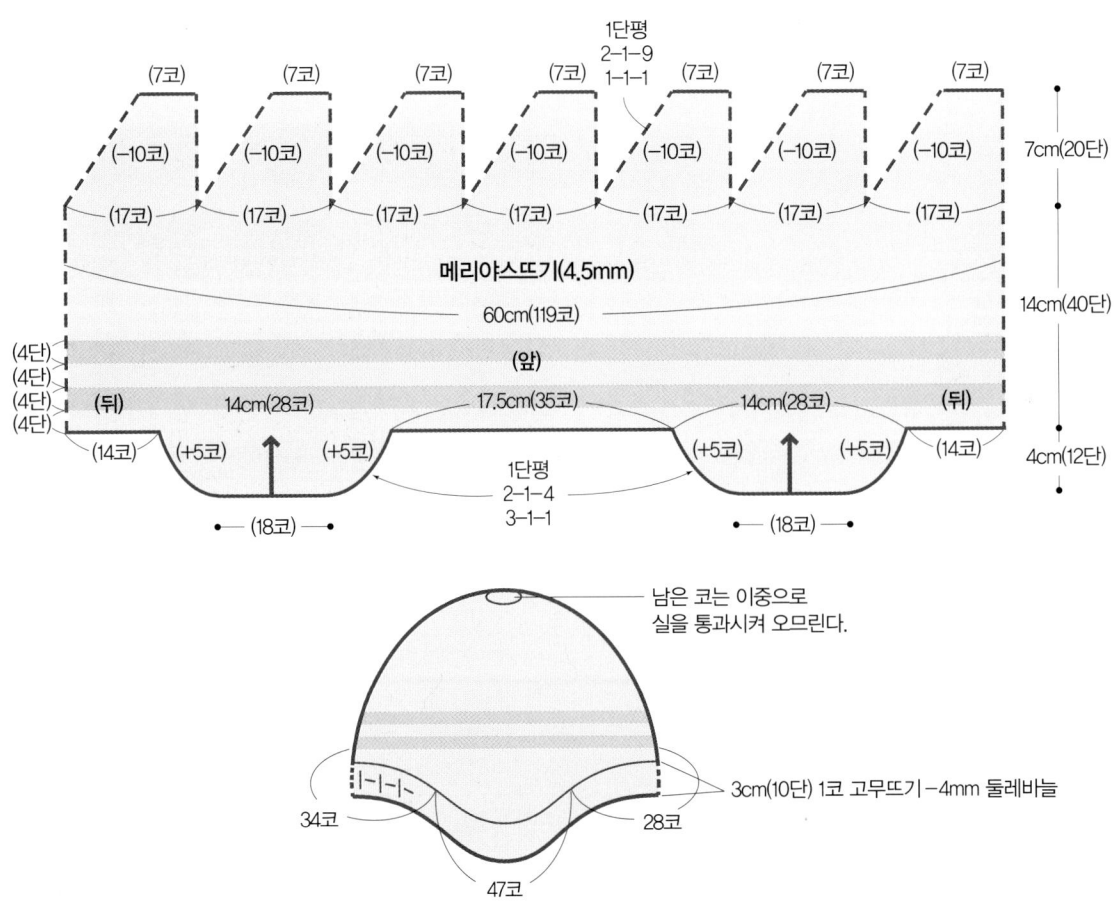

*무늬뜨기

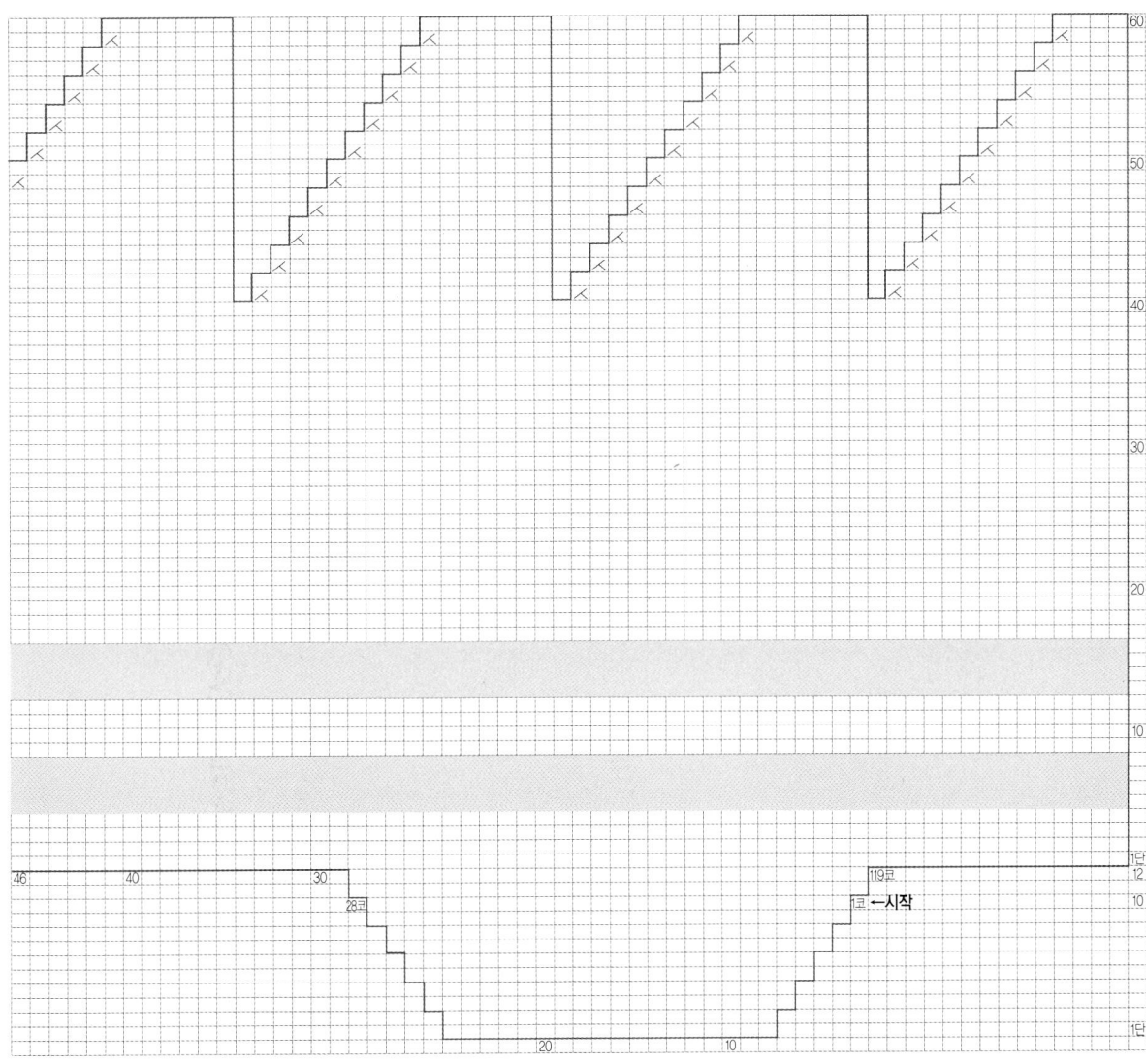

HOW TO MAKE

베이지 아란무늬 모자(남성용)

❖ **완성 치수**	머리둘레 58cm
❖ **준비물**	**실** 베이지색 알파카울 100g **바늘** 6.5mm 둘레바늘, 7mm 둘레바늘, 돗바늘, 꽈배기바늘
❖ **게이지**	14코 19단(10㎠ 무늬뜨기)

뜨는 방법

1. 6.5mm 둘레바늘로 80코를 잡아 원통으로 2코 고무뜨기 18단을 떠요.
2. 7mm 둘레바늘로 바꾸어 무늬뜨기 26단을 뜨는데, 첫째 단을 뜰 때 중간 아무 곳에서나 2코 겹쳐뜨기를 2번하여, 78코로 만들어요.
3. 이어서 12단에 걸쳐 무늬뜨기 도안처럼 줄임을 해요.
4. 남은 코는 돗바늘에 실을 꿰어서 이중으로 오므려요. 바늘에 걸려 있는 코에 1코 건너씩 돗바늘을 통과시켜 실을 잡아당기고, 바늘에 남아 있는 코에도 같은 방향으로 돗바늘을 통과시켜 실을 당겨 오므려요(p. 132 이중으로 오므리기 참조).

*무늬뜨기

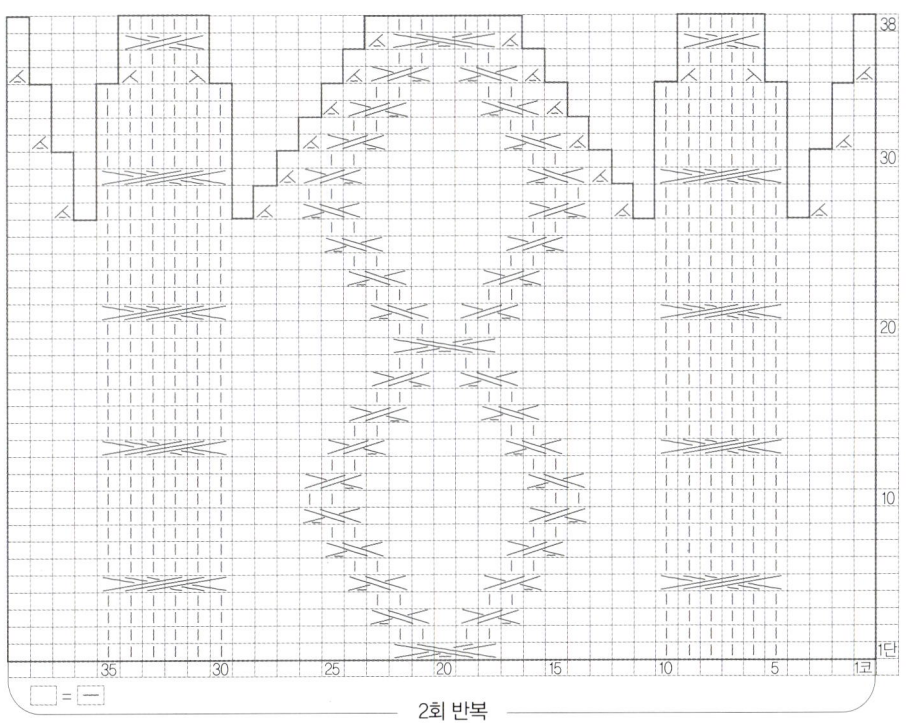

2회 반복

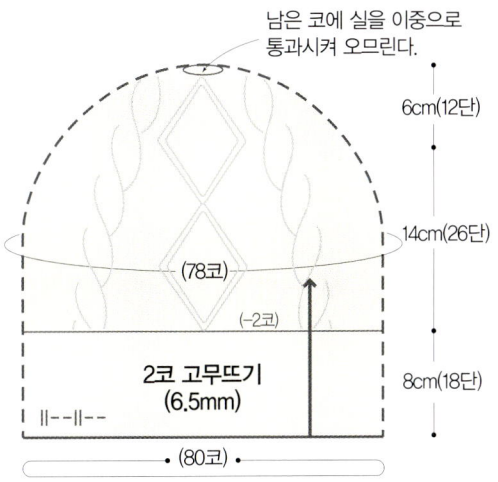

HOW TO MAKE

그레이 챙 모자(남성용)

❖ 완성 치수	머리둘레 58cm
❖ 준비물	실 회색 순모 150g 바늘 4mm 둘레바늘, 4.5mm 둘레바늘, 4mm 대바늘, 돗바늘 기타 플라스틱 모자챙
❖ 게이지	20코 27단(10㎠ 메리야스뜨기)

뜨는 방법

1. 4mm 둘레바늘로 120코를 잡아 원통으로 1코 고무뜨기 28단을 떠요.
2. 4.5mm 둘레바늘로 바꾸어 메리야스뜨기 32단을 뜨는데 첫째 단을 뜰 때 중간 아무 곳에서나 2코 겹쳐뜨기를 1번하여, 119코로 만들어요.
3. 전체 코를 7등분하여 각 조각마다 1단에 1코씩 1번, 2단마다 1코씩 9번 줄이고 1단을 증감 없이 떠요.
4. 남은 49코는 돗바늘에 실을 꿰어서 이중으로 오므려요. 바늘에 걸려 있는 코에 1코 건너씩 돗바늘을 통과시켜 실을 잡아당기고, 바늘에 남아 있는 코에도 같은 방향으로 돗바늘을 통과시켜 실을 당겨 오므려요(p. 132 이중으로 오므리기 참조).
5. 모자챙은 4mm 대바늘로 52코를 잡아 메리야스뜨기 14단을 뜬 후 양쪽으로 10코씩 코막음해요. 남은 32코만 14단을 더 뜬 후 코막음해요(p. 70 참조).
6. 떠놓은 챙의 ★표, ●표끼리 맞대어 감침질로 꿰매고 밑 부분도 창구멍을 남기고 꿰매요. 플라스틱 모자챙을 끼워넣고 창구멍도 꿰매요.
7. 떠놓은 모자를 머리에 써서 챙이 달릴 위치를 표시하고 벗은 후 챙을 꿰매야 바른 위치에 예쁘게 달 수 있어요.

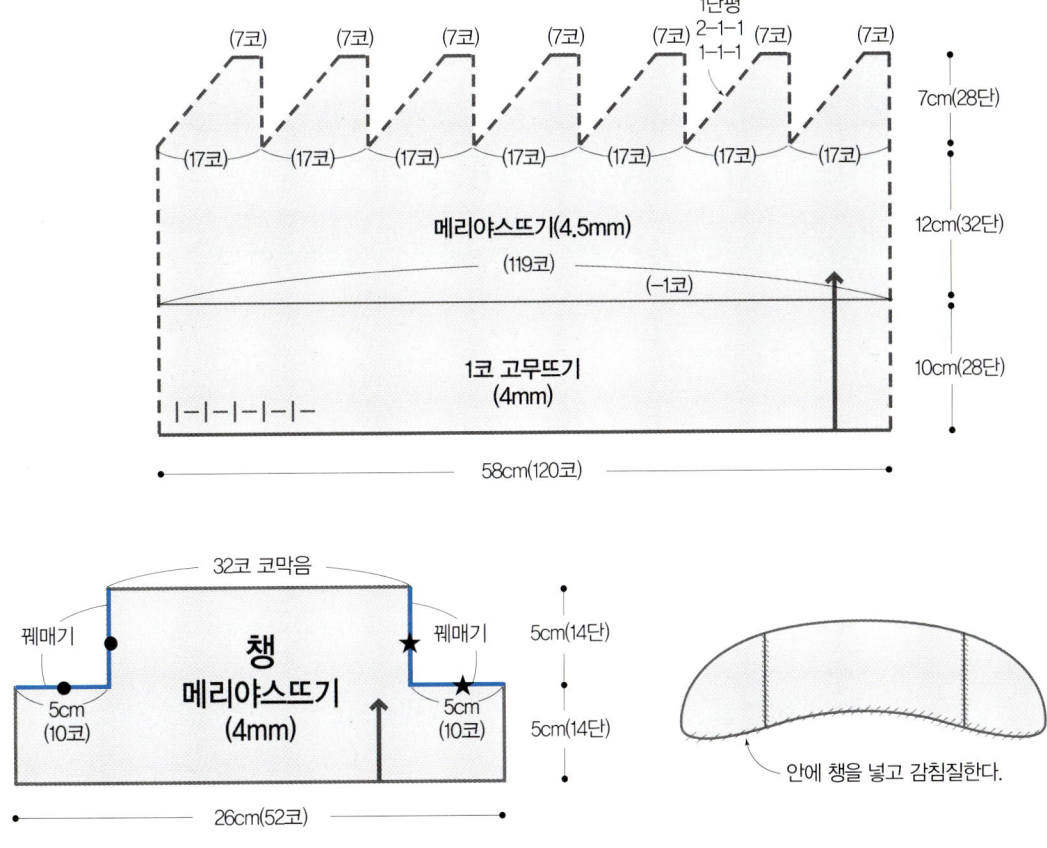

HOW TO MAKE

꽈배기 벙어리장갑

❖ 완성 치수	둘레 18cm 길이 25cm
❖ 준비물	실 진달래색 or 진 청록색 야크사 50g
	바늘 3.5mm 막대장갑바늘, 4mm 막대장갑바늘, 꽈배기바늘, 코바늘, 돗바늘
❖ 게이지	23코 34단(10㎠ 무늬뜨기)

뜨는 방법

1. 3.5mm 막대장갑바늘로 40코를 잡아 3개의 바늘에 나눠 끼운 후 원통으로 1코 고무뜨기 18단을 떠요.
2. 4mm 막대장갑바늘로 바꾸어 손등에만 무늬뜨기를 넣어가며 28단을 떠요.
3. 손바닥에서 5코를 엄지손가락으로 쉬게 나두고, 대신 감아코로 5코를 다시 만들어 30단을 더 떠요.
4. 양쪽 끝의 4곳에서 1단째 1코를 1번, 2단마다 1코를 4번 줄이고 1단을 증감 없이 떠요.
5. 남은 20코는 돗바늘에 실을 꿰어서 이중으로 오므려요. 바늘에 걸려 있는 코에 1코 건너씩 돗바늘을 통과시켜 실을 잡아당기고, 바늘에 남아 있는 코에도 같은 방향으로 돗바늘을 통과시켜 실을 당겨 오므려요(p. 132 이중으로 오므리기 참조).
6. 엄지손가락은 쉬게 나둔 5코와 감아코로 만든 5코에서 코를 줍고, 양쪽 사이드에서 1코씩을 더 주워 총 12코로 메리야스뜨기 18단을 더 뜬 후 돗바늘에 실을 꿰어 오므려요.
7. 대칭으로 1장 더 떠요.
8. 코바늘 5/0호를 사용해 사슬뜨기로 150cm 길이의 끈을 만들어 장갑 끝에 달아요(p. 77 참조).
9. 겉으로 나와 있는 실들은 돗바늘에 끼워 안쪽 사이사이에 보이지 않게 정리해요.

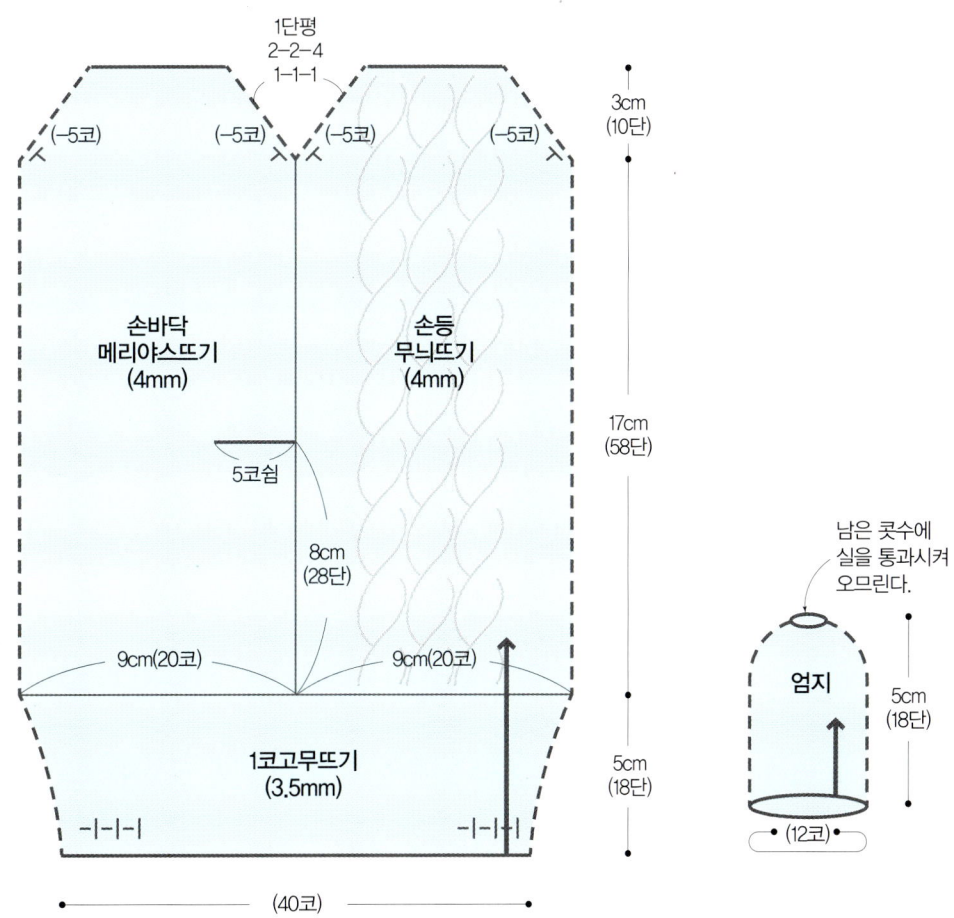

→ 코바늘 5/0호로 사슬뜨기해 150cm 길이 끈을 만들어 장갑에 꿰맨다.

남은 코에 실을 통과시켜 이중으로 오므린다.

*무늬뜨기

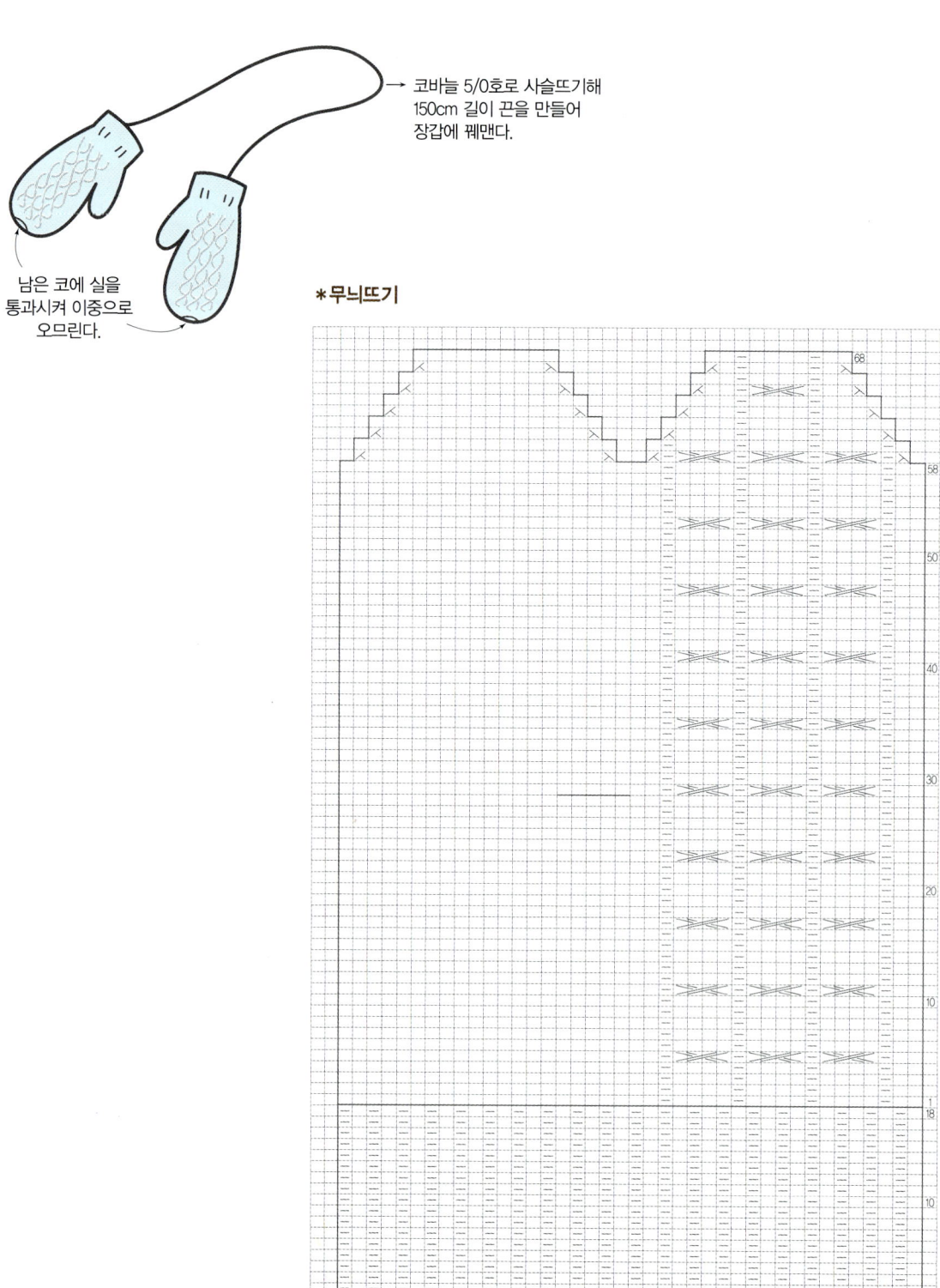

□ = │

Zoom In 꽈배기무늬로 장갑 만들기

1. 3.5mm 막대바늘로 40코를 잡아요.

2. 3개의 막대바늘에 40코를 적당히 3등분 하여 나누어 옮겨요.

3. 실타래가 달려 있는 바늘을 오른손에 잡고 4개의 바늘을 사용하여

4. 원형으로 1코 고무뜨기 18단을 떠요.

5. 4mm 막대바늘로 바꾸어 무늬뜨기 28단을 뜬 후 엄지손가락 부분의 5코를 쉬게 해요.

6. 실을 왼손 검지손가락에 걸어

7. 감아코로 5코를 새로 만들어요.
(p. 69 참조)

8. 무늬뜨기 30단을 더 떠요.

9. **코 줄이기** 손등과 손바닥으로 20코씩 각각 나누어 단코링으로 표시해요.

뒤에 계속 →

10. 표시해둔 단코링 양쪽으로 4곳에서 10단에 걸쳐 5코씩 줄여요(사진처럼 오른쪽 줄임은 첫 코를 뜨지 않고 옮기고 다음 코를 떠서 덮어씌우기로 코를 줄여요. 반대편은 2코를 한꺼번에 떠서 코를 줄여요).

11. 남은 코에 실을 이중으로 통과시켜 오므려요(p. 132 이중으로 오므리기 참조).

12. 엄지손가락 만들기 쉬게 놔둔 5코와 감아코로 만든 5코에서 새로 5코를 줍고 양쪽 사이에서 1코씩을 더 주워 막대장갑바늘 3개에 나누어 끼워요.

13. 원통으로 메리야스뜨기를 한 후 남은 코에 실을 통과시켜 오므려요.

14. 대칭으로 1장 더 떠요.

HOW TO MAKE

캔디 벙어리장갑

- **완성 치수**: 둘레 22cm 길이 25cm
- **준비물**:
  - **실** 아이보리 알파카울 100g, 핑크계열 복합사 50g
  - **바늘** 6.5mm 막대장갑바늘, 7mm 막대장갑바늘, 돗바늘
- **게이지**: 13.5코 20단(10㎠ 메리야스뜨기)

뜨는 방법

1. 6.5mm 막대장갑바늘을 사용하여 아이보리색 실로 28코를 잡아 3개의 바늘에 나눠 끼운 후 원통으로 1코 고무뜨기 12단을 떠요.
2. 7mm 막대장갑바늘로 바꾸어 메리야스뜨기 4단을 뜬 후 핑크 복합사로 12단을 더 떠요.
3. 손바닥에서 4코를 엄지손가락으로 쉬게 나두고, 대신 감아코로 4코를 다시 만들어 10단을 더 떠요.(감아코 만들기 p.69 참조)
4. 아이보리색 실로 메이야스뜨기 2단을 더 뜬 후 양끝의 4곳에서 1단째 1코를 1번, 2단마다 1코를 3번 줄이고 1단을 증감 없이 떠요.
5. 남은 12코는 돗바늘에 실을 꿰어서 이중으로 오므려요. 바늘에 걸려 있는 코에 1코 건너씩 돗바늘을 통과시켜 실을 잡아당기고, 바늘에 남아 있는 코에도 같은 방향으로 돗바늘을 통과시켜 실을 당겨 오므려요(p. 132 이중으로 오므리기 참조).
6. 엄지손가락은 쉬게 나둔 4코와 감아코로 만든 4코에서 코를 주워 12단을 메리야스뜨기 한 후 돗바늘에 실을 꿰어 오므려요.
7. 대칭으로 1장 더 떠요.
8. 실 3가닥을 머리 따듯이 엮어 150cm 길이의 끈을 만들어 장갑 끝에 달아요.
9. 겉으로 나와 있는 실들은 돗바늘에 끼워 안쪽 사이사이에 보이지 않게 정리해요.

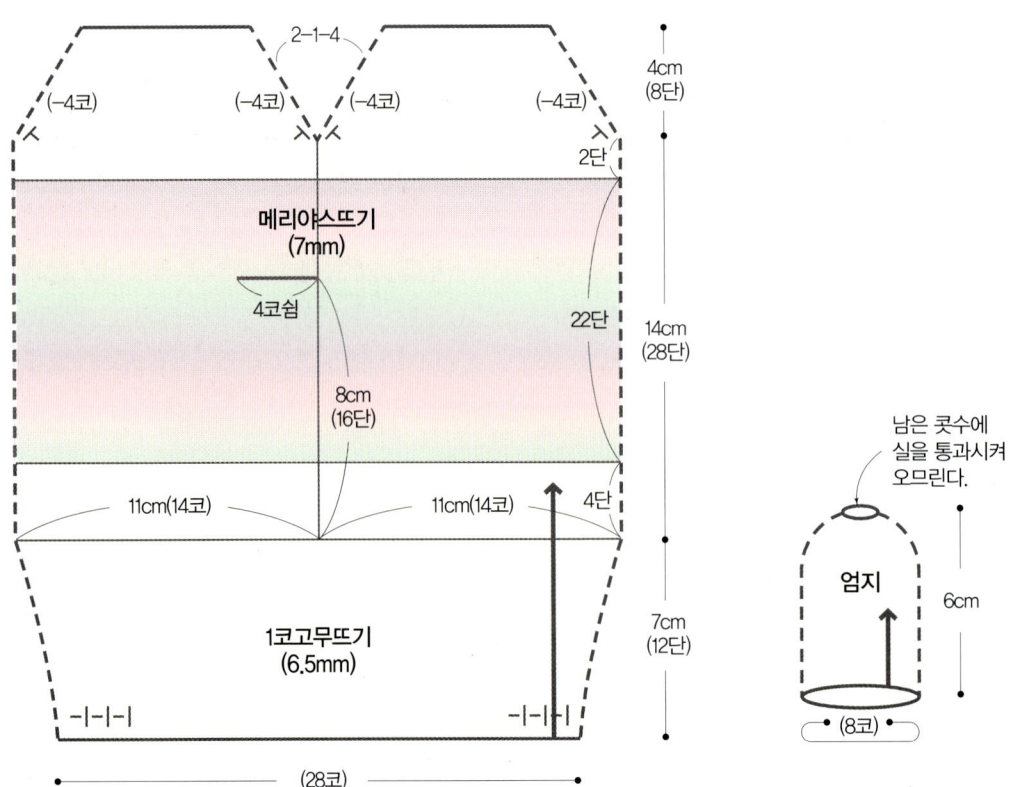

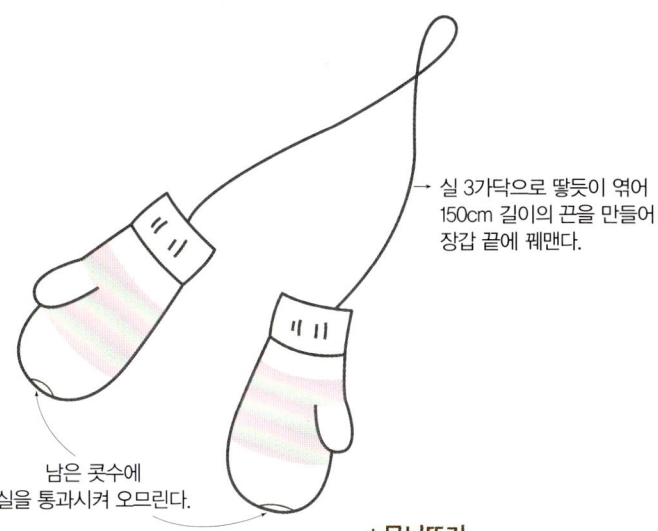

→ 실 3가닥으로 땋듯이 엮어 150cm 길이의 끈을 만들어 장갑 끝에 꿰맨다.

남은 콧수에 실을 통과시켜 오므린다.

* 무늬뜨기

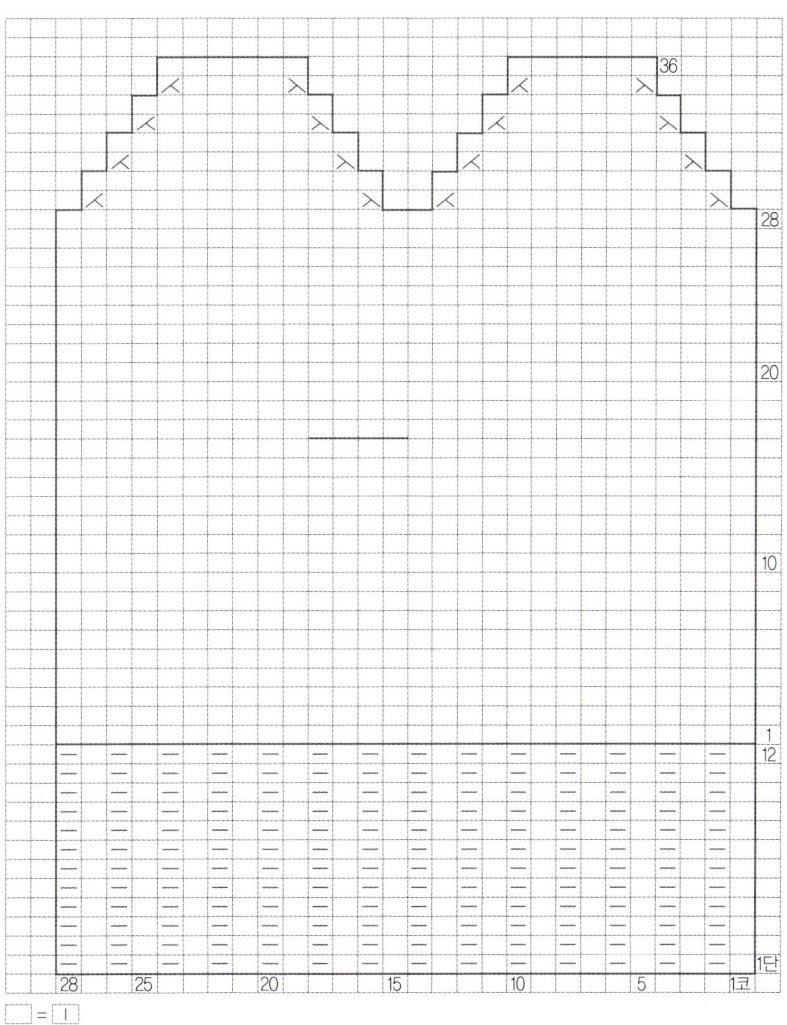

HOW TO MAKE

밍크볼 핸드 워머

- ❖ **완성 치수** 둘레 19cm 길이 16cm

- ❖ **준비물** 실 인디핑크 알파카울 50g
  바늘 4mm 대바늘, 돗바늘
  기타 직경 3cm 밍크볼 4개

- ❖ **게이지** 24코 28단(10㎠ 1코 고무뜨기)

뜨는 방법

1. 4mm 대바늘로 45코를 잡아 1코 고무뜨기 44단을 떠요.
2. 돗바늘로 마무리해요(p. 72 1코 고무뜨기 평뜨기 마무리 참조).
3. 반을 접어 엄지손가락이 들어갈 창구멍만 남기고 옆선을 반코 꿰매기 해요(p. 76 참조).
4. 손등 한쪽에 밍크볼을 2개씩 달아요.
5. 같은 방법으로 1장 더 떠요.
6. 겉으로 나와 있는 실들은 돗바늘에 끼워 안쪽 사이사이에 보이지 않게 정리해요.

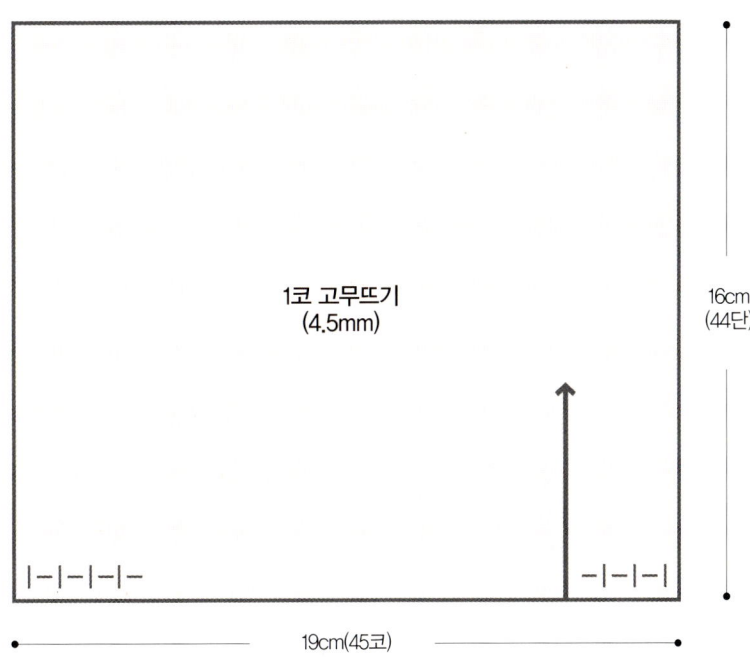

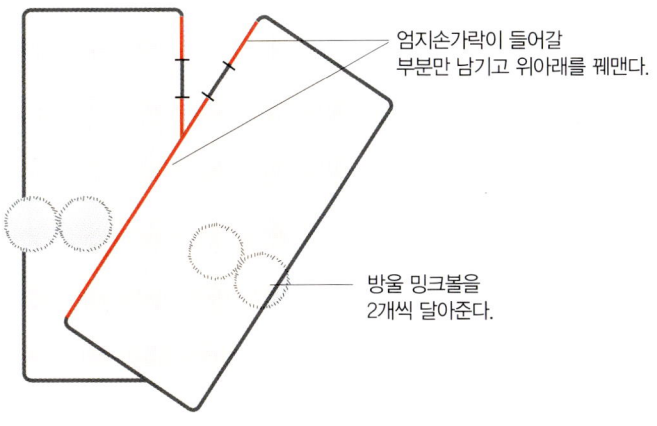

엄지손가락이 들어갈 부분만 남기고 위아래를 꿰맨다.

방울 밍크볼을 2개씩 달아준다.

HOW TO MAKE

차콜색 레그 워머

- **완성 치수** | 둘레 30cm 길이 36cm
- **준비물** | **실** 차콜색 순모 100g
  바늘 4.5mm 대바늘, 5mm 대바늘, 꽈배기바늘, 돗바늘
- **게이지** | 20코 27단(10㎠ 무늬뜨기)

뜨는 방법

1. 5mm 대바늘로 60코를 잡아 1코 고무뜨기 6단을 떠요.
2. 계속해서 5mm 대바늘로 무늬뜨기 86단을 떠요.
3. 4.5mm 대바늘로 바꾸어 1코 고무뜨기 8단을 뜬 후 반대로 1코 고무뜨기하면서 덮어씌어요(p. 71 참조).
4. 반을 접어 옆선을 꿰매요.
5. 같은 방법으로 1장 더 떠요.
6. 겉으로 나와 있는 실들은 돗바늘에 끼워 안쪽 사이사이에 보이지 않게 정리해요.

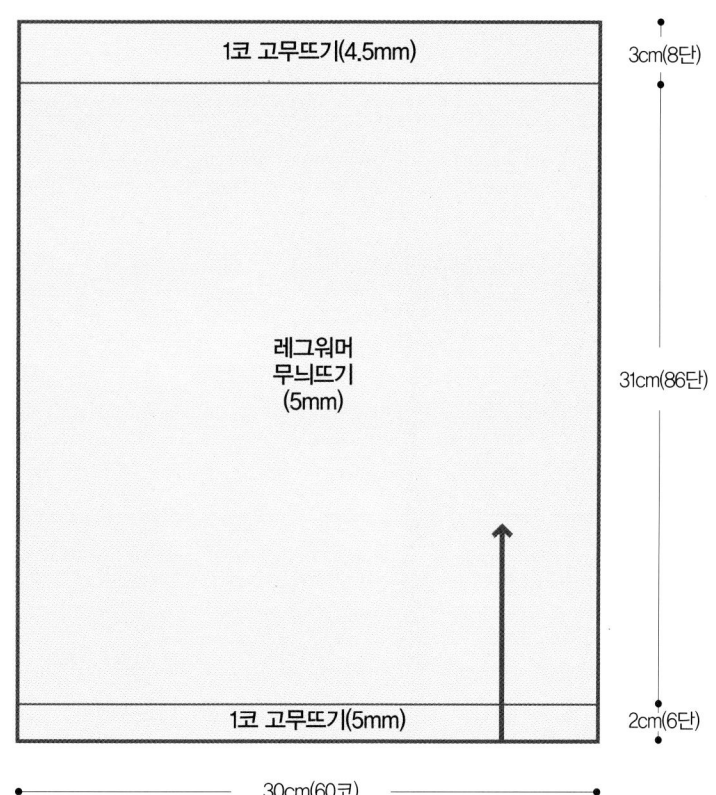

*무늬뜨기

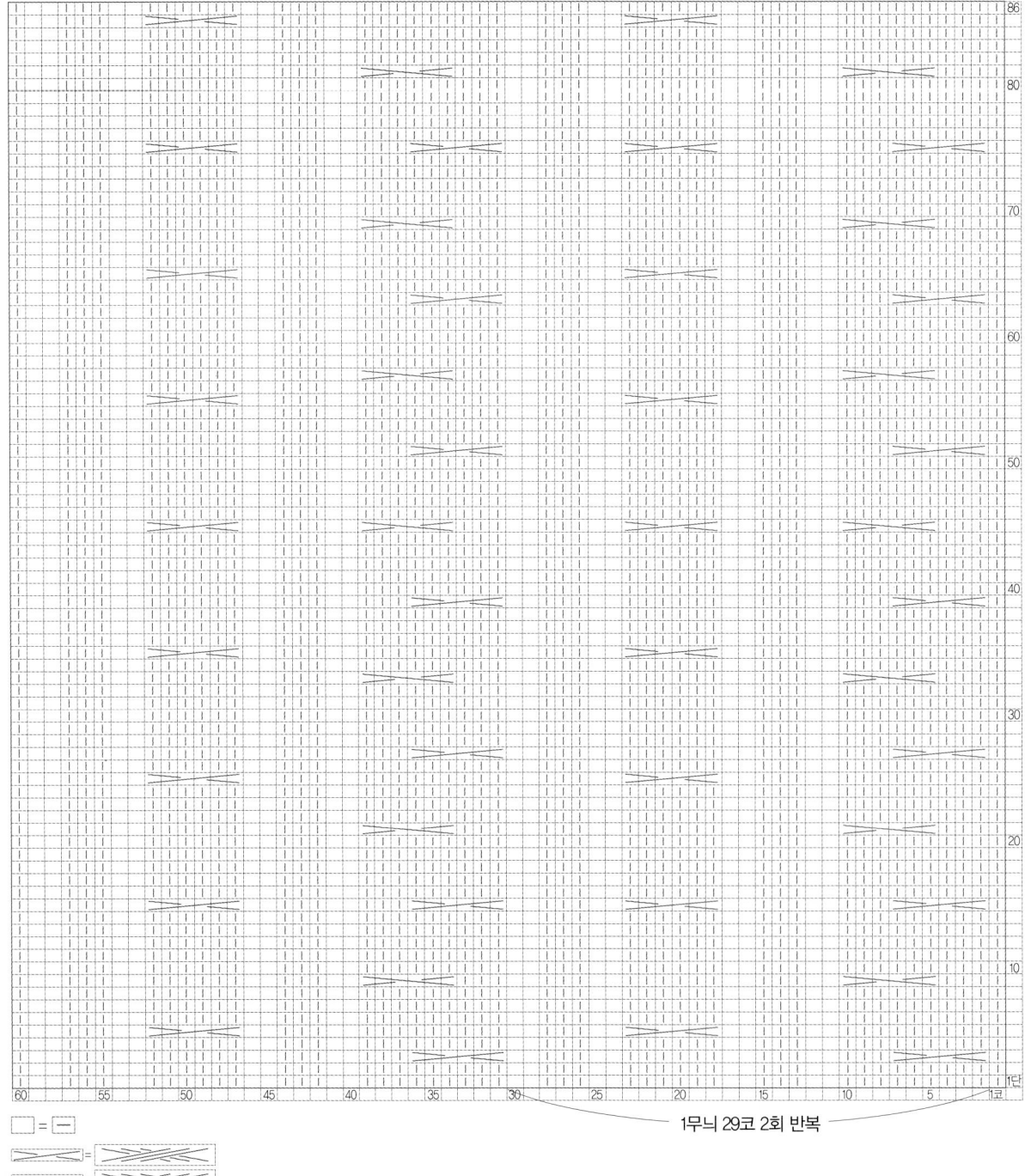

1무늬 29코 2회 반복

Zoom In ❖ 꽈배기 무늬뜨기로 레그 워머 만들기

1. **무늬뜨기(9단째 무늬뜨기)** 겉뜨기 4코를 먼저 떠요(사진은 시접코 포함해서 4코).

2. 가운데 3코를 꽈배기바늘에 옮겨 앞으로 놓아요.

3. 오른쪽 바늘에 있는 3코를 먼저 떠요.

4. 꽈배기바늘에 있는 3코를 떠요.

5. 교차한 모양

6. **무늬뜨기(15단째 무늬뜨기)** 시접코 1코를 뜬 후 다음 3코를 꽈배기바늘에 옮겨 뒤로 놓아요.

7. 가운데 3코를 먼저 겉뜨기해요.

8. 꽈배기바늘에 있는 3코를 떠요.

9. 교차한 모양

10. 나머지 오른쪽 바늘에 있는 3코를 떠요.

Thanks to

예쁜 옷과 스타일링을 제공해준
BENY & HIZZIN

❉ CONCEPT
모던하고 페미닌한 감각의 BENY&HIZZIN은
세련된 애티튜드를 갖춘 레이디와 섬세하고 사랑스러운 소녀,
그 경계상에 있는 업타운 걸리시 룩을 추구합니다.

❉ 디자인부터 높은 퀄리티의 제작까지
어디서도 볼 수 없는 의류, 주얼리, 신발, 가방, 액세서리 모두 BENY&HIZZIN에서만 만날 수 있습니다.

온라인 쇼핑몰 http://www.hizzin.net
오프라인 에이랜드(A.land) | 명동 본점, 명동 2호점(ALAND 2NDPAGE), 신사동 가로수길, 이대점